KLARTEXT

Bildnachweis:
Imago Images: Allstar: 57, 67, 98, 107, Everett Collection: 4/5, 68, TT: 26, 40, United Archives: 15, 58, 79, Zuma/Keystone: 34, Zuma Wire: 8/9; Picture Alliance: BONNIERARKIVET/Lars Falck/TT: 85, BONNIERARKIVET/KameraBild/TT: 28, DALLE APRF: 80, dpa/Abaca Gregorio Binuya: 97 r., dpa/epa/Peter Jordan: 100, dpa/Joakim Strömholm: 113, dpa/epa/Scanpix/Leif R. Jansson: 103, dpa/Pressebild Code 1010: 17, dpa/pressensbild pool: 71, dpa/pressensbild/Thomas Engström: 86, dpaweb/Ronald Wittek: 95, DN/Bengt Almquvist/DN/TT: 30, DN/Folke Hellberg: 23 m. o., DN/Sam Stadener: 23 m. u., Expressen/Göran Årmbäck/Prb/Scanpix: 24, Expressen/Jacob Forsell/ TT: 77, Expressen/Jan Holmlund: 29, Expressen/Hasse Persson: 27, 74, Expressen/Olle Wester: 33, 88, Frderyk Gabowicz: 81, 94, 110, Geisler Fotopress/Anita Bogge: 84, Ulf H. Holmstedt: 23 o., Dieter Klar: 60/61, Mustang Collections AB/Lars Hansare/Historisk Bildbyrå/TT: 37, NTB/Scanpix/Andersson: 104/105, Photoshot: 90, Reuters/Lukas Jackson: 83, Reuters/Dylan Martinez: 87, Scanpix Schweden/Leif R. Jansson: 55, Scanpix/TT News Agency/Persson: 39, Schroewig/Graylock: 97 l., TT News Agency/Jan Fossander: 23 u., TT News Agency/Hans Fridlund: 53, TT News Agency/Per Kagrell: 82, TT News Agency/Olle Lindeborg/PressensBild: 50/51, TT News Agency/Kenneth Thorén KTH: 45 o., TT NYHETS BRYÅN/Svenskt Pressfoto: 45 u., United Archives/TopFoto: 63; Universal Music:117; Universal Music/Ludvig Andersson: 13 l., 13 r.; Universal Music/Baillie Walsh: 13 o., Dokumentation „Dancing Queen", via YouTube/Arte: 48. Alle anderen Bilder: privat

Bibliografische Information der Deutschen Nationalbibliothek
Die Deutsche Nationalbibliothek verzeichnet diese Publikation in der Deutschen Nationalbibliografie; detaillierte bibliografische Daten sind im Internet über portal.dnb.de abrufbar.

Impressum
1. Auflage Februar 2022
Layout und Satz: Joachim Bartels
Umschlaggestaltung: Guido Klütsch, Köln
Umschlagabbildungen: Adobe Stock: © easyasaofficial (Hut), © Mark (Brighton Palace Pier), Picture Alliance: Photoshot (ABBA), Zoonar/H. Leitner (Fisch), Wikipedia: By Frankie Fouganthin - Own work, CC BY-SA 4.0 (Gitarre)
Druck und Bindung: Linsen Druckcenter GmbH, Siemensstraße 12–14, 47533 Kleve

ISBN 978-3-8375-2430-7

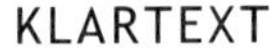

Jakob Funke Medien Beteiligungs GmbH & Co. KG
Jakob-Funke-Platz 1, 45127 Essen
info.klartext@funkemedien.de
www.klartext-verlag.de

Jürgen Winzer

ABBA

Populäre Irrtümer und andere Wahrheiten

Inhalt

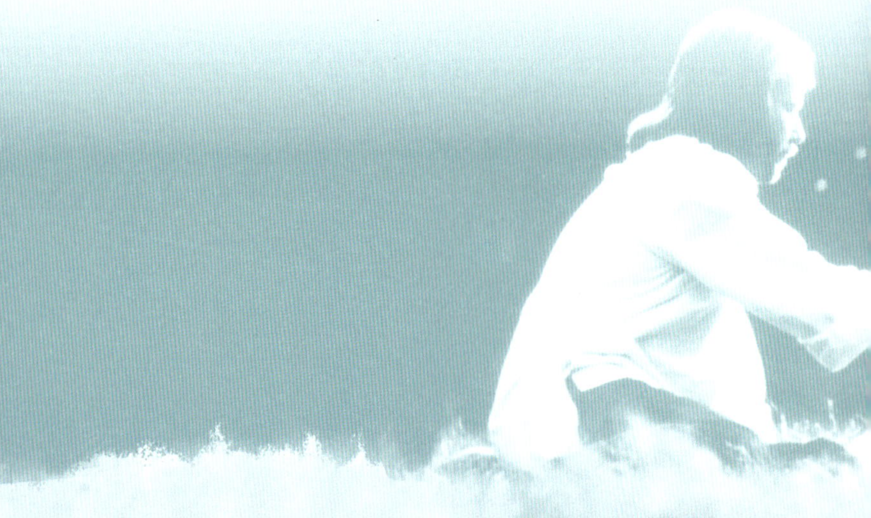

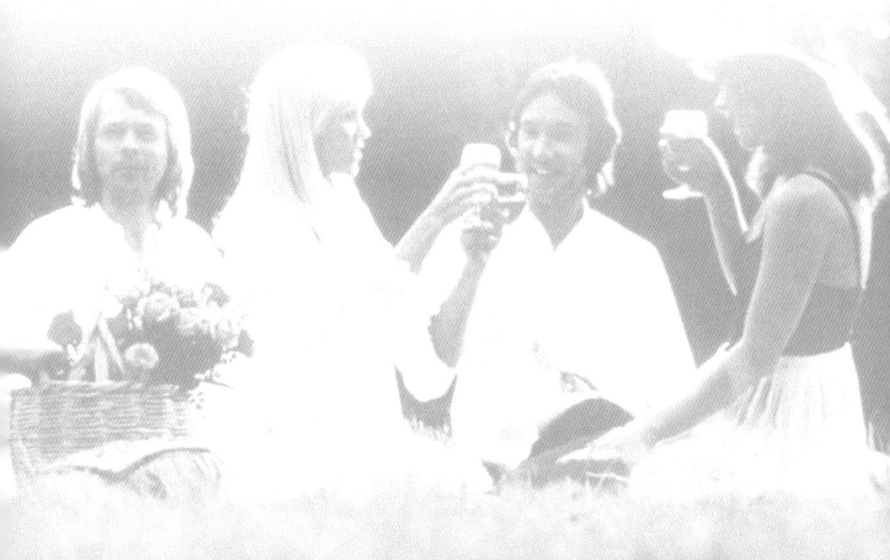

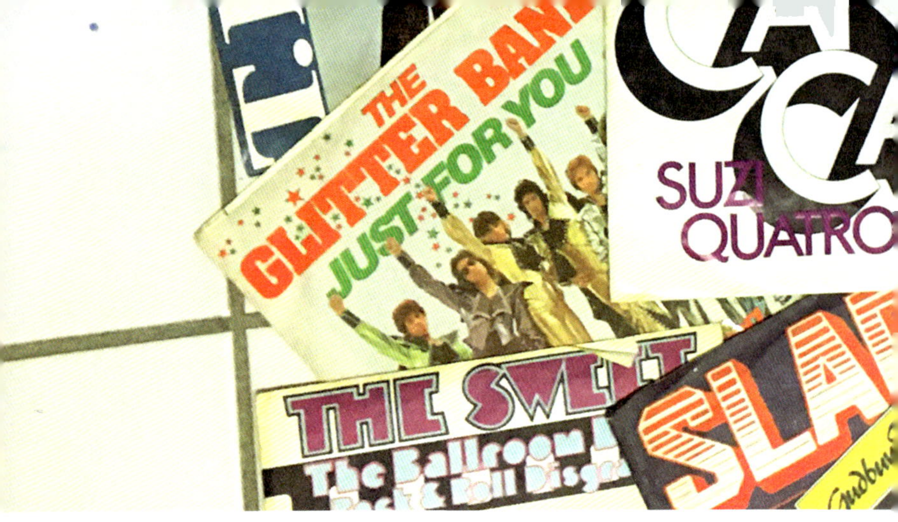

Zum Geleit

1974 war ein gutes Jahr. Glam Rock regierte die Charts und, in der rheinland-pfälzischen Provinz, mein Herz. Beim örtlichen Plattendealer, dem Elektro- und Haushaltswaren-Laden um die Ecke, gab es zwischen Kochtöpfen und TV-Geräten den neuesten Stoff, den England als „dufte" vorgab: T. Rex, Slade, Sweet & Co. ließen meinen Kopf rhythmisch nicken und machten ihn frei.

Später wurden wir Weltmeister, weil Hölzenbein über Jansens hölzernes Bein stolperte und Breitner nicht die Hosen voll hatte. Dafür bekam George Foreman im Oktober von Muhammad Ali die Backen voll. Und ich immer live dabei, am Schwarzweiß-Fernseher (Farbe hatte nur der Nachbar und mit dem hatten wir immer Krach).

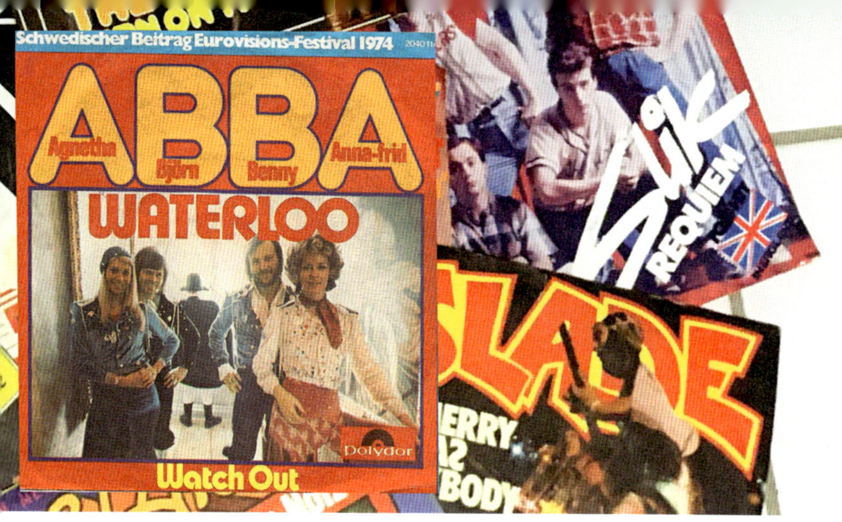

Auch am 6. April hing ich vor der Glotze. Da durfte ich den Grand Prix d'Eurovision gucken, weil Muttern für Cindy und Bert (Deutschland) fieberte. Ich eigentlich für Mouth and McNeal (Holland). Aber vor beiden kam Startnummer 8. Vier Schweden!? Die Hälfte weiblich und ziemlich sexy für einen Zwölfjährigen. Der Song war okay, aber die sternförmige E-Gitarre von dem einen Typen war (wie die Mädels) der HAMMER. Und wie, verdammt, konnten die alle auf diesen Monster-Plateausohlen stehen?

ABBA kamen, sangen und siegten. Und veränderten die Welt. Auch meine. Bis heute.

Denn sie sind – das Comeback des Jahrhunderts – wieder da! Aber waren sie je weg?

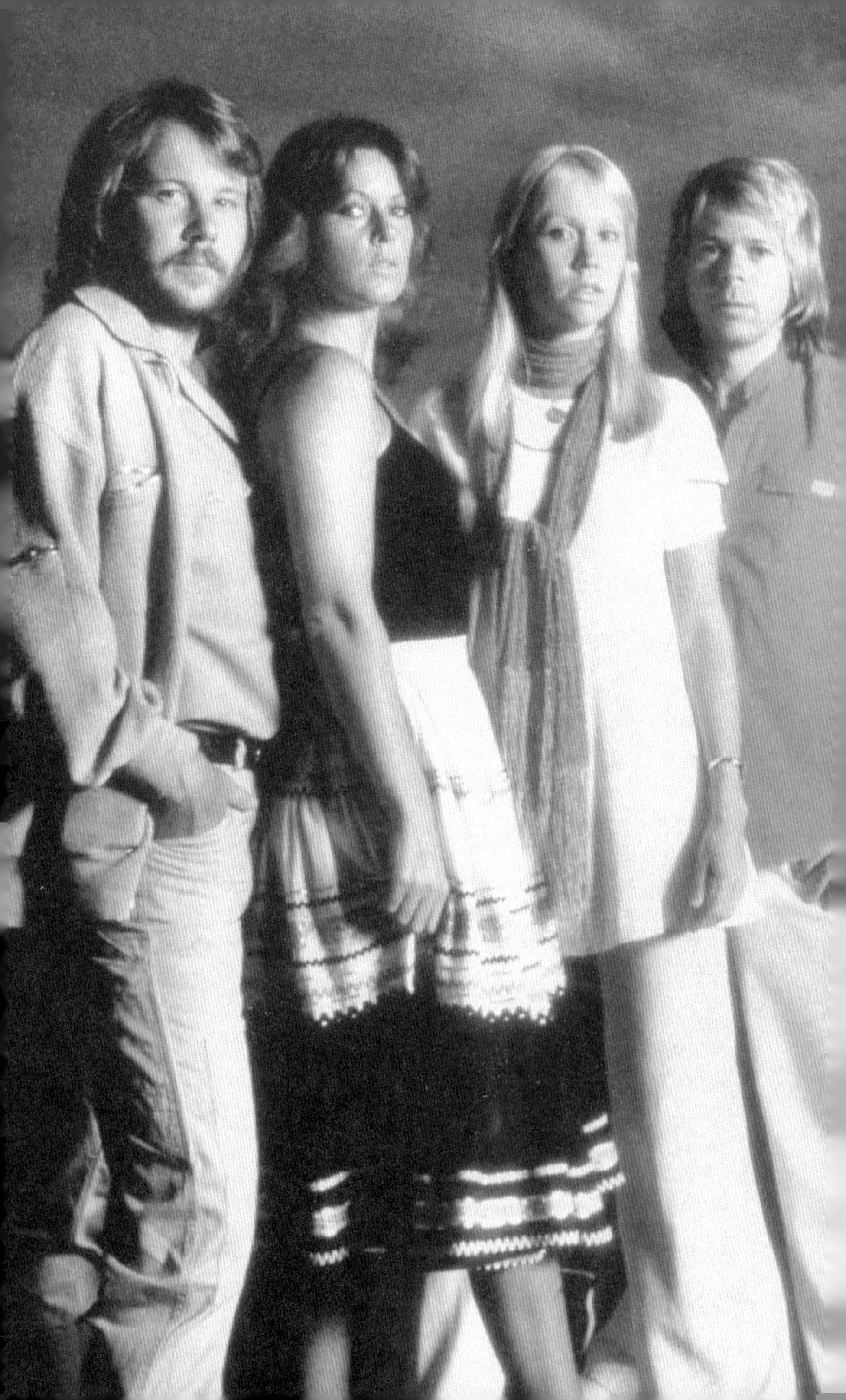

AHA!

A – B – B – A

Paare, die – gemeinsam musizierend – Geschichte schrieben, gab es einige. Ike & Tina Turner oder Sonny & Cher zum Beispiel. Aber nur bei ABBA gab es Love, Hochzeiten & Hits im Doppelpack.

AGNETHA ÅSE FÄLTSKOG

Geboren: 5. April 1950
Geburtsort: Jönköping, Schweden
Eltern: Knut Ingvar und Birgit Margaretha
Erster Auftritt: mit fünf Jahren

BJÖRN KRISTIAN ULVAEUS

Geboren: 25. April 1945
Geburtsort: Göteborg, Schweden
Eltern: Erik Gunnar und Aina Eliza Viktoria
Erster Auftritt: mit dreizehn Jahren

GÖRAN BROR BENNY ANDERSSON

Geboren: 16. Dezember 1946
Geburtsort: Stockholm, Schweden
Eltern: Gösta und Laila
Erster Auftritt: mit sechs Jahren

ANNI-FRID SYNNI LYNGSTAD

Geboren: 15. November 1945
Geburtsort: Bjørkåsen, Norwegen
Eltern: Alfred Haase und Synni Lyngstad
Erster Auftritt: mit zwölf Jahren

Zahlen & Fakten

9 ABBA-Hits erreichten in Deutschland Platz eins der Charts. Zwischen „Waterloo" (1974) und „One Of Us" (1981) schafften es „S.O.S.", „Mamma Mia" (1975), „Fernando", „Dancing Queen", „Money, Money, Money" (1976), „Knowing Me, Knowing You" (1977) und „Super Trouper" (1980) auf den Platz an der Charts-Sonne.

1 Milliarde US-Dollar wurden ABBA im Jahr 2000 für eine Comebacktour mit **100 Konzerten** geboten. „Das ist verdammt viel Geld zum Ablehnen. Aber das ist nichts für uns", winkte Benny dankend ab.

30 Millionen Mal wurde das Best-of-Album „ABBA Gold" weltweit verkauft und gehört zu den **25 meistverkauften Alben** aller Zeiten.

6,5 Millionen Fans sahen „Mamma Mia!" (2007) und „Mamma Mia! Here We Go Again" (2018) in den deutschen Kinos und sorgten für Einnahmen von **rund 54 Millionen Euro**.

65 Millionen Fans sahen das Musical „Mamma Mia!". Seit der Premiere 1999 gab es in rund **450 Städten** der Welt eine der **49 verschiedenen Produktionen in 16 Sprachen** zu sehen.

100 Lieder haben ABBA laut www.dewiki.de bis zu ihrer „Pause" veröffentlicht. Zählt man die fremdsprachigen Versionen (darunter drei auf Deutsch) dazu, steigt die Zahl auf 123.

83,4 Millionen Treffer erzeugt das Suchwort „ABBA" bei Google. „The Beatles" bringt 77,5 Millionen, „Rolling Stones" 37,7 Millionen Treffer.

2000 Quadratmeter umfasst „ABBA – The Museum" in Stockholm. Jährlich, so wird geschätzt, strömen **eine Million ABBA-Fans** aus aller Welt in die interaktive Ausstellung.

34 verschiedene Best-of- oder Sampler-Platten von ABBA wurden veröffentlicht, *nachdem* die Band ihre musikalischen Aktivitäten 1982 für fast 40 Jahre eingestellt hatte.

4 Opas beziehungsweise Omas – das sind ABBA! Schon im Jahr 2001 war jedes Bandmitglied mindestens mit einem Enkelkind gesegnet.

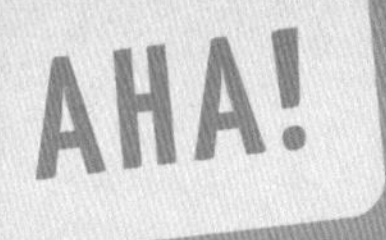

Rüstige Reisende

Der 2. September ist der neue Feiertag für alle ABBA-Fans. An diesem Tag 2021 verkündeten ABBA – endlich! – ihr Comeback.

„Wenn ABBA eine Party schmeißen, dann ist die ganze Welt eingeladen.“ Gemäß diesem Motto tanzten die Fans in Stockholm, Tokio, Berlin, Paris, New York, in Reykjavik und auf Mykonos in den Straßen (oder sogar im Naturpool). Sogar in Großbritannien. ABBA stoppen? Das schafft auch kein Brexit.

Das Event war wie eine globale Bergpredigt. Es wurde den Jüngern allüberall Großes verkündet: Neue Songs! Neues Album! Ab Mai 2022 neue Live-Events in einem eigens errichteten Tempel zu London. Die „Messe“ wurde weltweit per YouTube gestreamt, das Video hatte innerhalb kurzer Zeit drei Millionen Views.

Views, YouTube, Streaming, Brexit – alles Dinge, die es damals, als ABBA in eine Pause entschwanden, nicht gab. 1983 steckte das Internet in den Kinderschuhen, die Virusbedrohung hieß AIDS. Hauptkommunikationsmittel der Jugend war die BRAVO und im deutschen Fußball setzte nicht Bayern München, sondern der HSV die Glanzpunkte und wurde Meister und Europapokalsieger. Unglaublich, aber wahr!

1983 waren die Mitglieder von ABBA teilweise schon 25 Jahre lang als Reisende in Sachen Musik unterwegs. Meistens rastlos. Da darf man schon mal erschöpft am Wegrand rasten, um Kraft und Muße zu sammeln für die nächste Etappe. Und wenn die Rast fast 40 Jahre dauert – auch egal. Denn 50 Jahre nach ihrer Bandgründung sind ABBA wieder unterwegs. Ungeachtet ihres Alters (Youngster Agnetha ist 71, Oldie Björn 76) flotter denn je. Denn die rüstige Rentnergang hat noch viel vor. Björn sagte, passend zum Titel des neuen Albums „Voyage“: „Es war, es ist und es wird immer eine Reise sein.“

Der Volksmund hat schon Recht: „Reisende soll man nicht aufhalten.“ Heißet sie lieber willkommen! Vor allem, wenn es so legendäre Wanderer wie ABBA sind. Es lohnt, ihr „Reisetagebuch“ zu studieren ...

Das offizielle Bandfoto zur Präsentation ihres neuen Albums „Voyage" am 5. November 2021

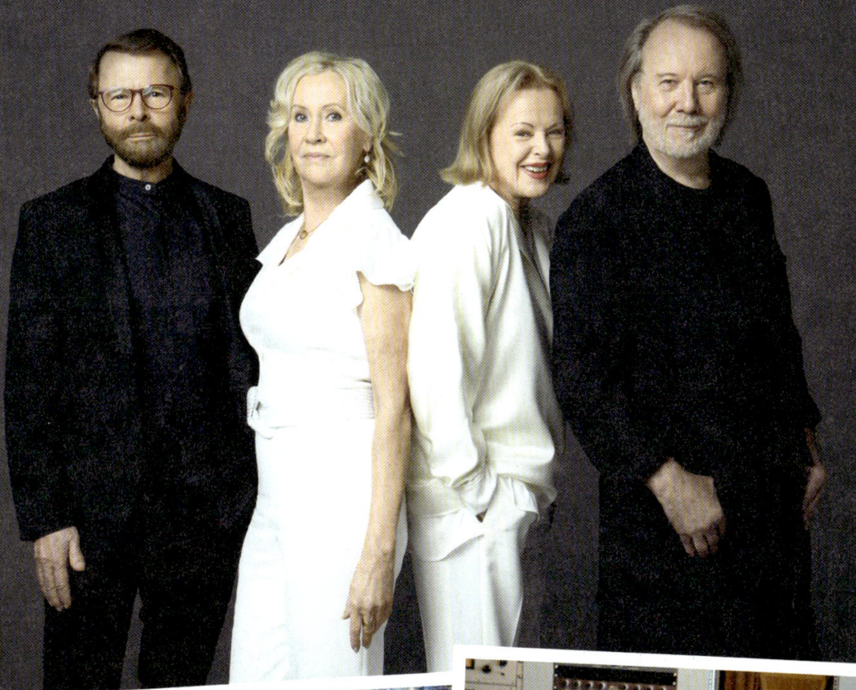

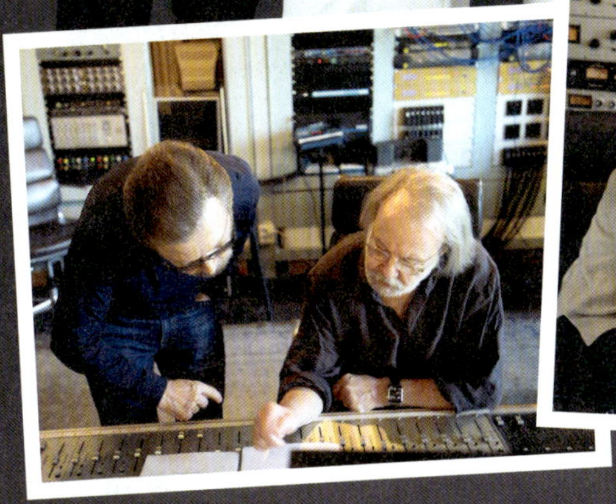

Wie in alten Zeiten: Björn und Benny hochkonzentriert am Mischpult ...

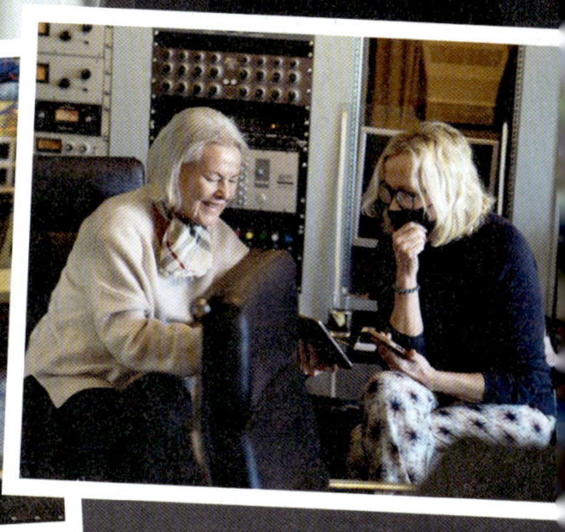

... und Anni-Frid und Agnetha beim Studieren ihrer Gesangsparts

Die Ruhe vor dem Sturm

Eigentlich müsste dieser Artikel schon unter der Rubrik „Irrtum“ gehandelt werden. Denn vor dem 19. Eurovision Song Contest fielen die ESC-Verantwortlichen, die teilnehmenden Künstler und das Publikum einem Trugschluss zum Opfer: Sie erwarteten „Business as usual“ – und wurden ungeahnt Zeugen einer Revolution.

Seeluft, englisch-snobistische, aber dennoch kosmopolitische Atmosphäre – das Seebad Brighton bildete 1974 scheinbar die ideale Idylle und der altehrwürdige, 1805 als königliche Bestallungen gebaute Brighton Dome die perfekte Kulisse für einen unaufgeregt klassischen Songcontest.

Die Welt in der Europäischen Rundfunkunion (EBU), die seit 1956 den ESC ausrichtete, war in Ordnung. Das heißt, das Ambiente des Wettbewerbs war so feierlich traditionell wie die Ansichten konservativ – die Hippiekultur war am ESC fast spurlos vorübergegangen und der Siegeszug des Pop fand vielleicht in den Charts, nicht aber in den Köpfen der ESC-Macher statt.

Dazu zählten nicht nur die Organisatoren, sondern auch die Protagonisten. Im Publikum noble Abendroben und Smokings, auf der Bühne Künstler, die sich der Bedeutung des Augenblicks bewusst waren und inbrünstig vorzugsweise dramatische Balladen oder harmlose Schlager intonierten.

Deshalb war niemand auf das vorbereitet, was den 19. ESC zu dem machte, als das er seither bezeichnet wird: eine Sternstunde des Wettbewerbs.

17 Länder hatten Teilnehmer nach Brighton geschickt. Die Buchmacher sahen das holländische Duo Mouth & MacNeal, die der Welt 1972 mit „How Do You Do“ einen Riesen-Hit beschert hatten, und Luxemburg ganz vorn. Für das Großherzogtum trat die Deutsch-Britin Ireen Sheer an. Ihr „Bye Bye, I Love You“ war von Ralph Siegel komponiert – der erste Beitrag des späteren „Mister Grand Prix“.

Mit der siegessicheren Italienerin Gigliola Cinquetti, die schon 1964 in Kopenhagen gewonnen hatte, rangierten ABBA anfangs mit einer Wettquote von 6:1 an vierter Stelle (noch vor der Britin Olivia Newton-John). Diese seltsamen Schweden waren eine Wundertüte: Sie machten sich im Vorfeld in Brighton rar und ließen sich kaum blicken, waren absolute No-Names und wirkten nett, aber schüchtern. „Man sah sie nur kurz bei den Proben", erinnerte sich Ralph Siegel später.

Am Tag der Veranstaltung stürzten die Quoten – vielleicht, weil sie sich so rar machten – auf 20:1 ab. Selbst die Deutschen (Cindy & Bert mit „Sommermelodie") waren nicht viel schlechter. ABBA wurden von Geheimfavoriten zum Außenseiter. Aber ihr Manager Stig Anderson ließ sich nicht schrecken: Er setzte 120 Pfund auf seine Schwedenhappen.

Es sollte sich lohnen.

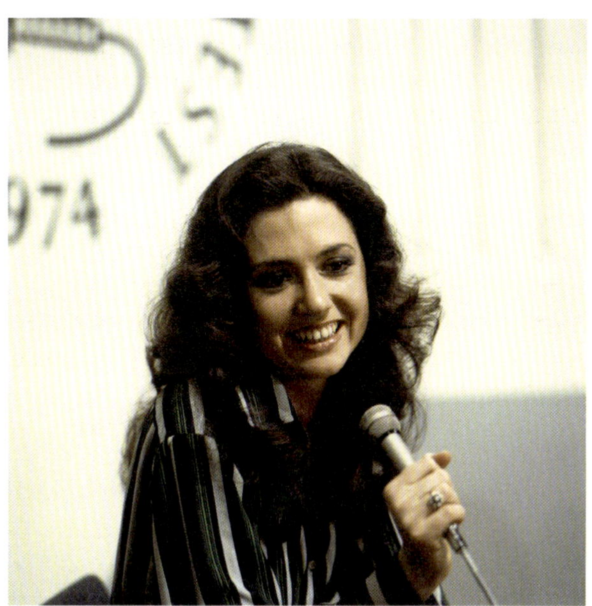

Gigliola Cinquetti (Italien) reiste siegessicher nach Brighton.

Die schönste Niederlage

Seit Napoleon am 18. Juni 1815 in der Nähe eines (heute) belgischen Dörfchens seine letzte Schlacht verlor, „erlebt jemand sein Waterloo“, der vernichtend geschlagen wurde. Am 6. April 1974 stand „Waterloo“ allerdings auch für einen Überraschungssieg. Und auch der begann mit Napoleon ...

Ernst Grissemann stockte, wie halb Europa, der Atem. Gerade hatte der ESC-erfahrene ORF-Kommentator noch geplaudert. „Schweden hat noch nie gewonnen, jetzt will es wohl mit Macht gewinnen. Das Lied ist ein dem modernen Pop-Empfinden entsprechender Song.“ Dann betrat Orchesterdirigent Sven-Olof Walldoff den Konzertsaal des Brighton Dome und schritt würdevoll zu seinem Pult – in Napoleon-Uniform! „Den Gag gab's bisher noch nie“, meinte Grissemann, stammelte es eher. Und auch sonst war alles anders!

Als Startnummer 8 erschienen nach „Napoleon Walldoff“ die vier schwedischen Künstler. Und die zwei jungen Damen stöckelten nicht hoch konzentriert an ihre Plätze, wie es ihre Mitbewerber taten, sondern sie stürmten regelrecht die Bühne, wo ihre Partner, der Gitarrist und der Pianist, schon warteten.

ESC-Europa traute seinen Augen nicht: grellbunte Outfits – irgendwo zwischen fluffigem Hippie-Kindergeburtstag und den grellen Kostümen aus dem Science-Fiction-Streifen „Barbarella“ (1968) –, eine sternenförmige E-Gitarre. Und diese Stiefel! Wie konnte man auf diesen Plateausohlen unfallfrei stehen, rennen oder gar tanzen?

Aber es kam noch schlimmer. Denn der Sound war nicht ESC-kompatibel. Weder schwülstig-romantisch wie das italienische „Si“, noch schwerfällig schlagerlastig wie die deutsche „Sommermelodie“ von Cindy & Bert. „Waterloo“ war gut gelaunt, beschwingt, ein kesser, von einem Hauch Motown umwehter Jive; halb Europa musste einfach mitwippen.

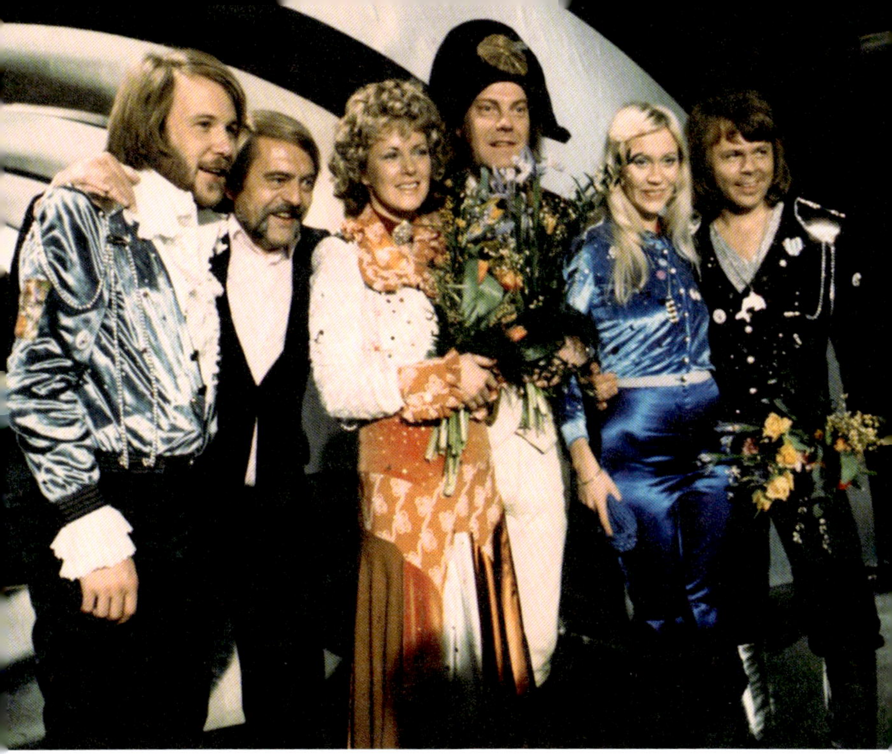

Nach gewonnener „Waterloo"-Schlacht: ABBA mit Manager Stig Anderson (2. v.l.) und Dirigent Sven-Olof Walldoff (3. v.r.) – allerdings nicht in Brighton, sondern nach dem Sieg beim schwedischen Vorentscheid im Februar 1974!

In nicht einmal drei Minuten hatten ABBA den traditionell-konservativen Rahmen des ESC visuell und musikalisch gesprengt. Es war wie eine Kulturrevolution im Kosmos des Wettbewerbs. Einen (optisch wie rhythmisch) ähnlich umwälzenden Auftritt gab es erst 2006 wieder, als die finnischen Rocker Lordi mit brachialem Hardrock („Hard Rock Halleluja") und Gruselmasken die ESC-Welt erfolgreich aus den Angeln hoben.

Aber auch 1974 waren die ESC-Jurys schon reif für eine jugendlich-glamrockige Kulturrevolution. ABBA machten die Sensation perfekt und siegten vor Italien und den Niederlanden. Rang vier teilten sich Großbritannien, Luxemburg und Monaco. Deutschland landete, gemeinsam mit der Schweiz, Norwegen und Portugal, auf dem letzten Platz.

Die „Douze-Points-Amnesie“

Anlässlich des 50. Jubiläums des Eurovision Song Contests wurde „Waterloo“ 2005 zum besten aller Siegerlieder gewählt. Was den Event von 1974 angeht, gibt es aber vielfach Erinnerungslücken. Und die machen selbst vor Björn Ulvaeus nicht halt.

Es war eine Sensation, ja, aber kein Erdrutschsieg. ABBA gewannen mit „Waterloo“ mit 15 Prozent der Jury-Punkte, dem nach 1969 relativ schlechtesten Resultat für einen Siegertitel. Zum Vergleich: Lena Meyer-Landrut gewann 2010 in Oslo mit „Satellite“ mit fast 54 Prozent.

„Wir standen hinter der Bühne und verfolgten das Voting“, erzählte Björn Ulvaeus in einem Interview. „Ich konnte nicht hinschauen, aber ich hörte Benny flüstern ‚Oh, schon wieder zwölf Punkte!‘“ Das ist falsch, weil unmöglich: 1974 gab es das berühmte „Douze Points“-Reglement noch nicht – das wurde erst 1975 eingeführt.

In Brighton verteilten die Länderjurys zehn Punkte, die sie auf einzelne Künstler „häufeln“ konnten, maximal fünf auf einen Künstler. Diese Höchstwertung bekamen ABBA nur zwei Mal – aus Finnland (gleich im ersten Vote) und aus der Schweiz. Es ist also nicht so, wie mancherorts behauptet, dass die Jurys „Waterloo“ „frenetisch gefeiert“ hätten. Fünf Länder gaben null Punkte, fünf weitere bescherten ABBA jeweils nur einen Zähler. Drei Länder (darunter Deutschland) gaben zwei Punkte, die Niederlande spendierten drei.

Die Abstimmung der Schweiz, das 15. Voting, war entscheidend. Fünf Punkte für Schweden, keiner fürs zweitplatzierte Italien – es stand 24:17. Damit war alles klar, denn es stimmten nur noch Belgien (ein Punkt für Italien, keiner für Schweden) und die Italiener ab – und die durften sich selbst keine Punkte geben.

Die „unparteiische“ Schweiz als die Sangesschlacht entscheidende Nation – wer weiß, vielleicht hätte Napoleon die ironische Note gefallen.

Kein Komponist

Auf den ABBA-Sieg war in Brighton niemand vorbereitet. Das trat nirgends deutlicher zu Tage als bei der Siegerehrung – denn da lief vieles schief. Vor allem für Björn ...

Der größte aller Irrtümer ist die Formulierung, dass „ABBA den Eurovision Song Contest gewonnen“ hätten. Denn der ESC versteht sich als Liederwettstreit und nicht als Künstlerwettbewerb! Die Gewinner waren also die Komponisten und Texter – die Gruppe an sich „nur“ schmückendes Beiwerk, sozusagen ausführendes Organ.

Nach dem Sieg wollte Charles Curran, Präsident der EBU, die Siegermedaillen überreichen, aber zunächst tauchte nur Stig Anderson auf. Der ABBA-Manager hatte den Text geschrieben. ORF-Kommentator Grissemann verwechselte ihn gleich mal und nannte ihn „Benny Andersson“. Aber er war nicht der Einzige, der verwirrt war und dem Fehler unterliefen.

Nach ein paar ratlosen Sekunden bahnte sich immerhin der echte Benny Andersson den Weg zur Ehrung, aber sein Komponisten-Partner Björn Ulvaeus blieb verschwunden. Verwirrte Blicke von Benny und Curran Richtung Bühnenaufgang dokumentieren, dass da gerade was schieflief. Björn berichtete später über das Drama:

„Ich wurde von einem Ordner daran gehindert, auf die Bühne zu gehen. Er sagte ‚Sie sind kein Komponist, Sie müssen warten, bis Sie an der Reihe sind‘. Ich meinte: ‚Aber ich bin doch der Komponist.‘ Und er so: ‚Nein, sind Sie nicht!‘“ Björn weiter: „Der Ordner meinte wohl, ein Typ, der so angezogen ist wie ich, kann unmöglich Komponist sein.“

Es war nicht das einzige Problem mit seinem Outfit: „Die Hose war so unglaublich eng, dass ich mich nicht mal hinsetzen konnte. Es war fürchterlich. Ich hätte mehr auf meine Figur achten sollen. Ich sah aus wie ein fetter Weihnachtsmann.“ Björn zog die Konsequenzen: Er nahm elf Kilo ab! „Ich hielt hinterher strikte Diät. So wollte ich mich der Welt nicht noch einmal präsentieren.“

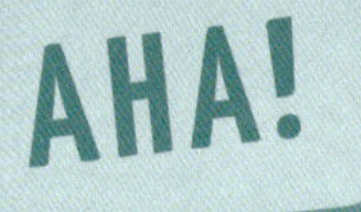

Waterloo

„Wir hatten das Gefühl, dass die Welt uns zu Füßen lag. Da wurde uns klar, dass etwas wirklich Großes mit der Band passieren konnte.“ Nicht nur Björn hält „Waterloo“ und den Erfolg beim Eurovision Song Contest für wegweisend. Da schauen wir doch mal genauer hin …

Der Siegerauftritt begann mit Napoleon (als Dirigent) – und die Nacht endete auch mit ihm: ABBA feierten bis um 6 Uhr früh in ihrer „Napoleon-Suite“ des Grand Hotels in Brighton.

Die legendäre Sternen-Gitarre, die Björn in Brighton spielte, wurde vom schwedischen Gitarrenbauer Göran Malmberg in Handarbeit angefertigt. 2017 gab Björn Green Day-Frontmann Billie Joe Armstrong die (seltene) Erlaubnis, die Original-Gitarre bei einem Konzert in Stockholm zu spielen.

„Waterloo“ wurde von Benny und Björn im November 1973 im Ferienhaus auf der Insel Viggsö geschrieben. Sie ließen sich beim Komponieren von „See My Baby Jive“, dem Glam-Rock-Hit der englischen Band Wizzard, inspirieren.

Manager und Texter Stig Anderson wollte das Lied nach dem Hören des Demo-Bandes zunächst „Honey Pie“ nennen. Den Titel lehnten ABBA aber ab. In einer Zitatesammlung stieß Anderson dann auf das perfekte dreisilbige Wort „Waterloo“ und schrieb den Lovestory-Text darum herum.

Die Aufnahmen zu „Waterloo“ fanden am 17. Dezember 1973 statt. Am 9. Februar 1974 siegten ABBA überlegen beim nationalen Vorentscheid („Melodifestivalen“) mit der schwedischen Textversion (und bereits hier mit Walldoff als „Napoleon“-Dirigent).

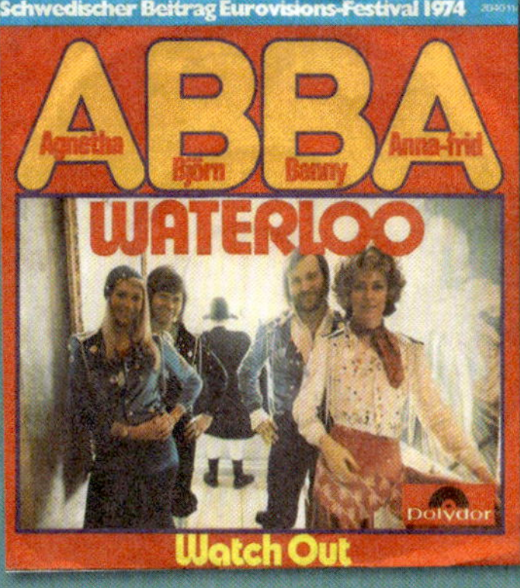

„Waterloo“ (die erste Single unter dem Namen „ABBA“) wurde schon am 4. März 1974 veröffentlicht. ORF-Kommentator Grissemann meinte vor ABBAs ESC-Auftritt: „Sie kennen es, wenn Sie Pop-Freund sind, bestimmt schon. Es ist bereits Favorit in vielen Hitparaden.“

Nach dem ESC-Triumph wussten plötzlich alle, dass ABBA unschlagbar gewesen waren. Ralph Siegel meinte: „Sie waren großartig. Jeder wusste, sie würden gewinnen.“ Und ESC-Experte Jan Feddersen schrieb, ABBA hätten auch gewonnen, wenn sie als Text ein Telefonbuch abgesungen hätten – oder gar den deutschen Beitrag „Die Sommermelodie“.

ABBA waren die ersten Künstler, die den ESC nicht in ihrer Landessprache gewannen. Dies machte eine Regeländerung möglich. Zwischen 1973 und 1976 wurde den Künstlern gestattet, auch in landesfremder Sprache zu singen. Endgültig wurde die „Muttersprache“-Regel erst 1999 gekippt.

„Waterloo“ wurde in 54 Ländern veröffentlicht und zum weltweiten Erfolg. In Belgien, Costa Rica, Dänemark, Deutschland, Finnland, Frankreich, Großbritannien, Irland, Norwegen, Südafrika und in der Schweiz erreichte es Platz eins der Charts.

In Schweden blieb die Nummer eins zwar versagt, dafür war „Waterloo“ gleich zwei Mal vertreten: Die schwedische Version erreichte Platz zwei, die englische Version Platz drei.

„Waterloo“ war der erste Millionenseller für ABBA. Die Single, die es auch in deutscher und französischer Textversion von ABBA gibt, verkaufte weltweit über fünf Millionen Exemplare.

Manager Stig war es, der sich vehement für „Waterloo“ und gegen das ESC-typischere „Hasta Mañana“ entschied. Stig: „Wenn es schief geht, könnt ihr es auf mich schieben.“

Jugendsünden 1

„Vier schwedische Neulinge verzaubern Europa." Die Medien überschlugen sich, nachdem ABBA mit „Waterloo" den ESC gewonnen hatten. Keine Ahnung, die Leute, denn Newcomer waren ABBA wahrlich nicht ...

Vielmehr waren Agnetha, Björn, Benny und Anni-Frid in ihrem Heimatland schon etablierte Größen der Musikszene. Drei von ihnen hatten 1972, als man sich zum Quartett formierte, schon mehr Karrierejahre auf dem Buckel, als ihnen mit ABBA (bis zur „großen Pause") noch vergönnt sein würden!

Björn Ulvaeus bekam zum 13. Geburtstag (1958) seine erste Akustikgitarre geschenkt. Mit den Hootenanny Singers, einer der erfolgreichsten Folk-Bands Schwedens, brachte er es zum Teenie-Idol – und über 30 Singles in die Radiocharts.

Benny Andersson entschied sich nach dem Schulabschluss mit 15, auf das Gymnasium zu verzichten und spielte lieber live in Jugendclubs. Ende 1964 wurde er Pianist der Beat-Band Hep Stars und schrieb für sie drei Nummer-eins-Hits. Die Band war so erfolgreich, dass sie „die schwedischen Beatles" genannt wurde.

Anni-Frid Lyngstad stieg mit zwölf Jahren (!) als Sängerin ins Evald Ek's Quintet ein. 1967 veröffentlichte sie ihre erste Solosingle – der Siegerpreis für den Erfolg bei einer Talentshow. Die Charts stürmte sie erst mit zwei Singles, die – Anfang der 1970er Jahre – bereits Benny für sie produzierte.

Agnetha Fältskog machte 1966 aus ihrem Liebeskummer ein Lied. Im Januar 1968 stand dieses, ihre Debütsingle „Jag var så kär", an der Chartspitze. Vier Alben und 26 Singles, darunter acht deutschsprachige, folgten. Agnetha war in Schweden ein Superstar des modernen Schlagers.

BJÖRN

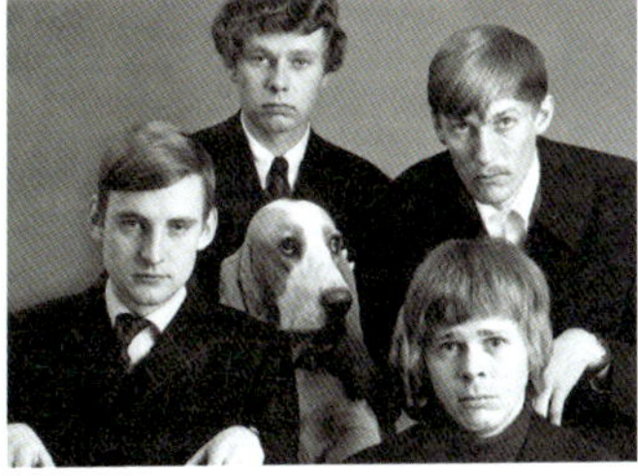

Björn (vorne rechts) mit den Hootenanny Singers 1966

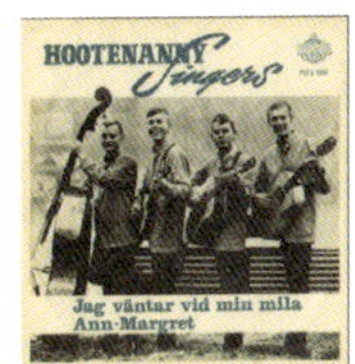

Eine der ersten Hootenanny-Singers-Singles

BENNY

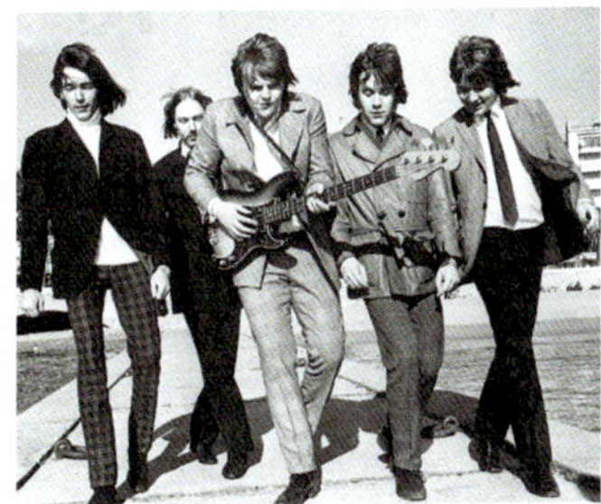

Benny (links) mit den Hep Stars (1968)

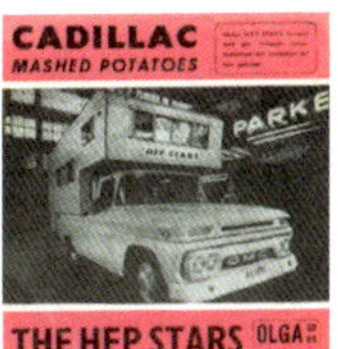

„Cadillac": erster Nummer-eins-Hit der Hep Stars

ANNI-FRID

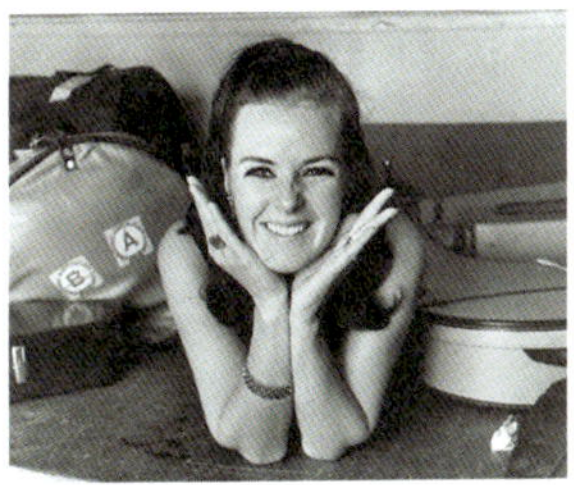

1967: Anni-Frid startet ihre Plattenkarriere.

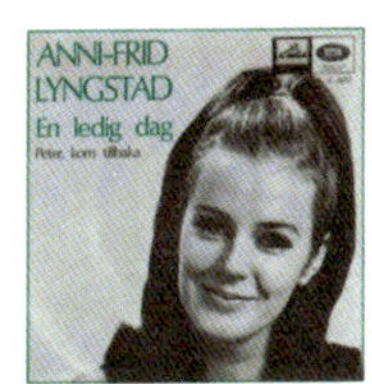

Anni-Frids Debüt-single „En ledig dag"

AGNETHA

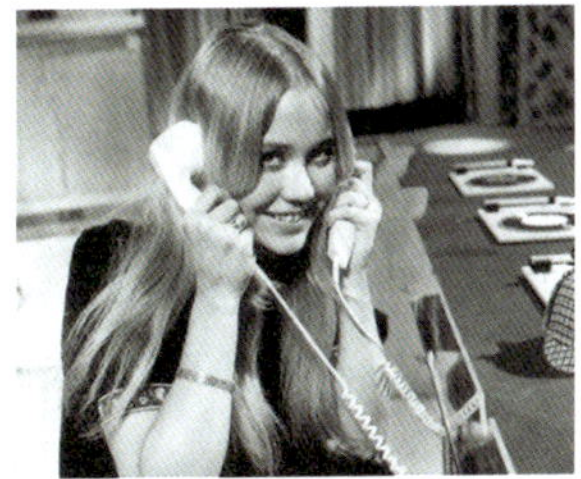

Ihren Job als Telefonistin kündigte Agnetha nach dem ersten Hit.

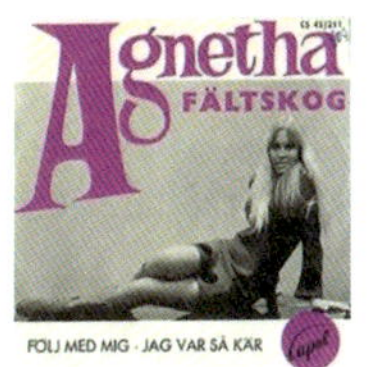

Agnethas Debüt-Hit-single „Jag var så kär"

Jugendsünden 2

Nicht nur musikalisch waren die vier künftigen ABBA-Mitglieder Frühstarter: vier Kinder, eine Scheidung, zwei geplatzte Verlobungen – es war eine Menge los im Privatleben vor 1972. „Liebesbote" war immer die Musik.

Anni-Frid trat 1961 der Bengt Sandlunds Bigband als Sängerin bei. Vermittelt hatte ihr den Job der junge Band-Posaunist Ragnar Fredriksson. Der, vier Jahre älter, wurde Anni-Frids erster richtiger Freund. Die Liebesbeziehung blieb nicht folgenlos: Im Januar 1963 brachte Anni-Frid im Alter von gerade 17 Jahren ihren Sohn Hans zur Welt. Anni-Frid und Ragnar heirateten im April 1964, Tochter Ann Lise-Lotte kam im Februar 1967 zur Welt. Das Familienidyll hielt nicht: 1969 verließ Anni-Frid Ehemann und Kinder, um in Stockholm das Glück als Profisängerin zu finden. Die offizielle Scheidung erfolgte 1970.

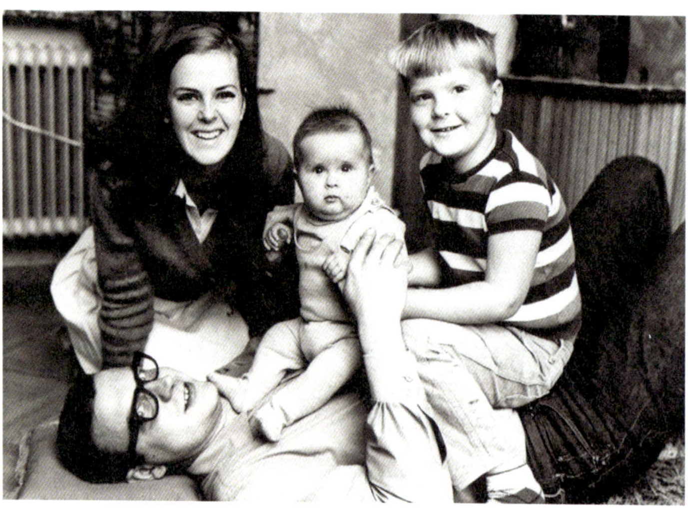

Junges, kurzes Glück: Anni-Frid mit ihrem Mann Ragnar und den Kindern Hans (rechts) und Ann Lise-Lotte

Benny traf die erste große Liebe in Gestalt von Christina Grönvall. Die war drei Jahre älter als er und Sängerin. Ihre Liebe war zunächst fruchtbarer als die Musik: Im August 1963 – Benny war noch 16 – kam Sohn Peter zur Welt, im Juni 1965 folgte Tochter Helene. Dann aber wurde die Musik erfolgreicher als die Liebe: Benny trat im Herbst 1964 den Hep Stars bei und wurde umjubelter Teeniestar. Die Liebe blieb auf der Strecke: Christina und Benny lösten 1966 ihre Verlobung.

Agnethas erste Liebesbeziehung bescherte ihr ihren ersten Hit: Als sie sich 1966 von Björn Lilja trennte, verarbeitete sie den Kummer in „Jag var så kär" („Ich war so verliebt"), ihrem Durchbruchs-Hit. Auf Wunsch der Plattenfirma flog Agnetha 1968 nach Berlin, auf dass ihr schwedischer Erfolg auch in Deutschland umgesetzt werde. Die Zusammenarbeit mit dem Produzenten Dieter Zimmermann bescherte ihr acht deutschsprachige Singles, erste TV-Auftritte in Deutschland und eine Verlobung, die im Juli 1968 geschlossen und Anfang 1969 hastig wieder gelöst wurde. Ebenso wie der deutsche Plattenvertrag.

Björn lernte schnell, welchen Reiz selbstgeschriebene Gedichte und von der Gitarre begleitete Sangeskünste auf Mädchen haben können. Auch an Gelegenheiten mangelte es als Frontmann der Hootenanny Singers nicht. Weder auf einer ersten, selbstironisch „Europa-Tournee" genannten Urlaubsreise durch Europa, noch als das Quartett zu Charts-Ehren aufstieg. Aber: Der wohlerzogene Mittelstandsbub blieb „brav" – weder Verlobung noch Ehe oder Kinder. Dann kam Agnetha ...

Mamas guter Riecher

Wo kamen sie her, die Vier, die als ABBA Popgeschichte schrieben? Björn, der Älteste des Quartetts, wurde in Göteborg geboren. Die zweitgrößte Stadt Schwedens ist bekannt für die Autos von Volvo. Die waren lange Schwedens erfolgreichster Exportartikel. Björn würde das ändern ...

Die Hoffnungen von Gunnar Ulvaeus ruhten auf seinem Sohn Björn: Gunnar war als Bootswerft-Besitzer gescheitert und hoffte lange, dass sein Filius diese „Familienscharte" auswetzen und als Schiffsbauingenieur Karriere machen würde. Deshalb stand er den musikalischen Plänen seines Sohnes lange zwiespältig gegenüber. Nicht so Björns Mutter Aina. Sie war zwar in der ersten Zeit mit Björns jüngerer Schwester Eva (*1948) zu Spaziergängen geflüchtet, wenn Björn ungestüm, aber eisern auf seiner ersten Gitarre übte. Als er dann aber in der Skiffle- und Jazz-Band seines Cousins Joen und nach deren Auflösung in der Folk-Band The Partners einstieg, erkannte sie seinen Ehrgeiz.

1963 hörte sie im Radio von der neuen Talentshow „Plats på scen" und überzeugte Björn davon, eine Bewerbung für die mittlerweile in West Bay Singers umbenannten Partners (West Bay ist die Übersetzung ihres Wohnortes Västervik) an den Sender zu schicken. Die Teilnahme bei dem Wettbewerb sollte sein Leben entscheidend verändern ...

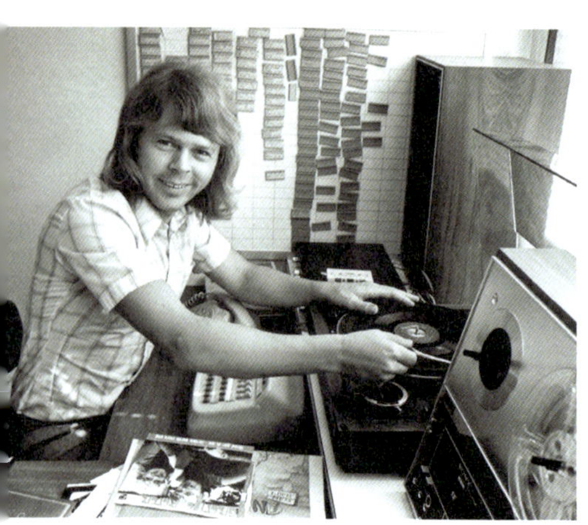

Björn sollte Ingenieur werden, machte aber lieber Musik.

Der schwedische Beatle

Musikleidenschaft und Talent wurden Göran Bror Benny Andersson von seinem Vater Gösta und seinem Opa Efraim vererbt. Sie schenkten ihm mit sechs Jahren sein erstes Akkordeon und traten mit ihm als Trio auf. Benny hatte Blut geleckt ...

Mit Vater und Opa genoss er die frühen Auftritte bei Sommerfesten im „Bennys Akkordeon Trio“. Mit zehn bekam er sein erstes Klavier, brachte sich das Spielen selbst bei und übte stundenlang. Mit 14 war er so gut, dass er als „Pausenfüller“ zwischen Konzerten anderer Bands im Jugendclub sein eigenes Repertoire spielte.

1964 engagierten die Hep Stars Benny als Organisten – das kam dem frischgebackenen Vater sehr zu pass, da er gerade arbeitslos war. Bennys Spielkünste und seine wilde Bühnenshow verhalfen den Hep Stars nach ihrem ersten TV-Auftritt im März 1965 zum Durchbruch: Im Mai hatten die Hep Stars drei Singles gleichzeitig in den Charts und stiegen zu den „schwedischen Beatles“ auf.

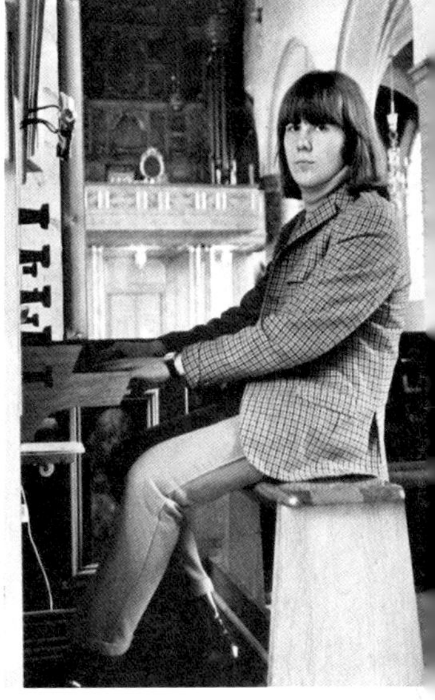

Benny als Organist der Hep Stars in einem (seltenen) ruhigen Moment am Instrument

Weil konkurrierende Bands darüber maulten, dass die Hep Stars nur Coversongs spielten, packte Benny der Ehrgeiz und er schrieb 1965 sein erstes eigenes Lied: „No Response“ wurde sofort ein Nummer-zwei-Hit. Die nächsten Songs, die er komponierte („Sunny Girl“, „Wedding“ und „Consolation“), stürmten alle den Charts-Thron.

Benny war glücklich. Aber es kam noch besser.

Das Deutschenkind

Mobbing gab es schon immer: Frag nach bei Anni-Frid Lyngstad. Sie wurde 1945 in Norwegen geboren und von den Einheimischen ausgegrenzt, weil ihr Vater ein deutscher Wehrmachtssoldat war.

Von ihren Eltern hatte Anni-Frid nicht viel. Ihre Mutter Synni starb 1947 an Nierenversagen. Ihr Vater Alfred Haase wurde im Februar 1945 aus dem besetzten Norwegen an die deutsche Heimatfront abkommandiert und verschwand (vorerst) auf Nimmerwiedersehen.

Großmutter Agny, die sechs eigene Kinder großgezogen hatte, siedelte wegen der Anfeindungen gegen ihre Tochter („Deutschenflittchen") und Enkelin („Deutschenkind") nach Schweden über. Sie gab Anni-Frid Werte und Wissen (zum Beispiel das Talent zum Nähen) mit auf den Weg – und die Liebe zur Musik.

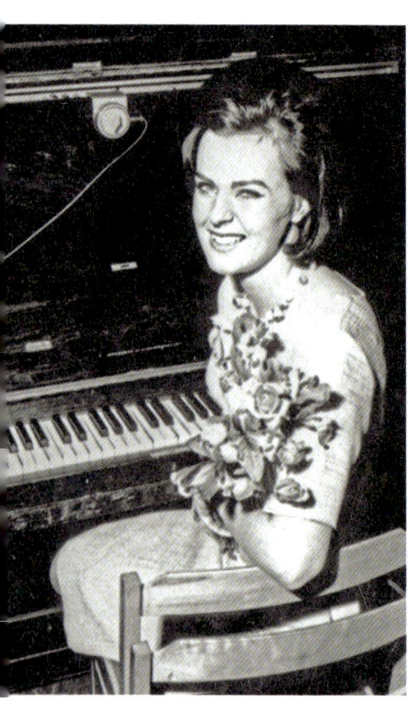

Schwere Kindheit, riesiges Gesangstalent: Anni-Frid Lyngstad

Sowohl Anni-Frids Gesangstalent wie auch ihr Ehrgeiz wurden schnell offensichtlich. Sie unterhielt schon kurz nach der Einschulung ihre Lehrer und Mitschüler mit kleinen „Konzerten" und brillierte später im Schulchor. Mit zehn Jahren gewann sie einen Eislaufwettbewerb, kurz darauf nahm sie an den ersten Gesangstalentwettbewerben teil. Kein Wunder, dass ihr erster Bandleader, Evald Ek, begeistert war, als sie für ihn vorsang: „Eine Zwölfjährige mit dieser Stimme? Ich konnte es nicht glauben."

Es dauerte noch, aber bald kannte diese Stimme die ganze Welt.

Der schüchterne Superstar

Zwei Herzen schlugen, ach, schon immer in Agnetha Fältskogs Brust: Einerseits träumte sie von der großen Karriere als Sängerin, andererseits fürchtete sie sich davor, alleine vor Menschen aufzutreten. Ein Zwiespalt, der sie sogar über die ABBA-Karriere hinaus begleitete.

Seit ihrem ersten Auftritt (mit fünf Jahren!) bei einem Theaterstück, das ihr Vater Ingvar inszenierte, wussten alle, dass Agnetha außergewöhnlich war. Das änderte sich nicht, als sie den Kirchenchor rockte, mit 13 ihr erstes eigenes Gesangstrio gründete oder ihre ersten Songs schrieb.

Nur Agnetha selbst konnte nicht glauben, wie gut sie war. Selbst als sie mit der Tanzband Bernt Enghardt's Orchestra schon durch halb Schweden tourte, blieben Selbstzweifel. Als sie ihre erste (selbst geschriebene) Single im Radio hörte, konnte sie es nicht fassen; als der Song im Februar 1968 die Charts toppte, weinte sie Freudentränen.

So riesig ihr Talent als Sängerin und Komponistin, so groß ihre Bereitschaft zu harter Arbeit (sie sang nachts in der Tanzband und arbeitete am nächsten Morgen als Telefonistin – bis sie einmal vor Erschöpfung in Ohnmacht fiel), so zerbrechlich war ihr Selbstvertrauen.

Andererseits: Wenn sich Agnetha mal zu etwas entschlossen hatte – dann zog sie es durch. Zum Glück für die Pop-Nachwelt …

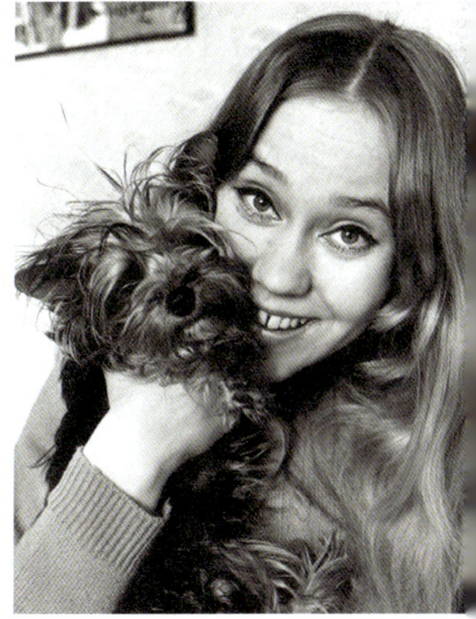

Agnetha freut sich 1968 tierisch über ihren ersten Nummer-eins-Hit „Jag var så kär".

Rauswurf ins Glück

Was wäre wohl geschehen, hätten sich – nur so als Utopie – Paul McCartney und Mick Jagger auf dem Höhepunkt des Erfolgs der Beatles und Rolling Stones zum Songwriter-Duo zusammengetan? Tatsache ist: Das erfolgreichste Komponistenteam der Popgeschichte entstand aus so einem Szenario.

Im Frühsommer 1966 waren sowohl Björns Hootenanny Singers mit ihrem Volksfest-Folk (ihr Bandname bedeutet ja auch „Volksfestsänger") als vor allem auch Bennys hippe Rocker von den Hep Stars die von den Fans umjubelten Besten ihres Fachs. Die Hep Stars hatten gerade ihren dritten Nummer-eins-Hit gelandet. Die Hootenannys wiederum feilten an ihrem fünften Album und gingen Ende April 1966 wieder einmal auf ausgedehnte Schweden-Tour.

Es war eine besondere, denn am 6. Juni mussten die Hootenannys ihren Militärdienst antreten. Die Zukunft der Band stand deshalb in den Sternen. Es war klar: Am Abend davor, nach dem letzten Gig, würden sie es richtig krachen lassen!

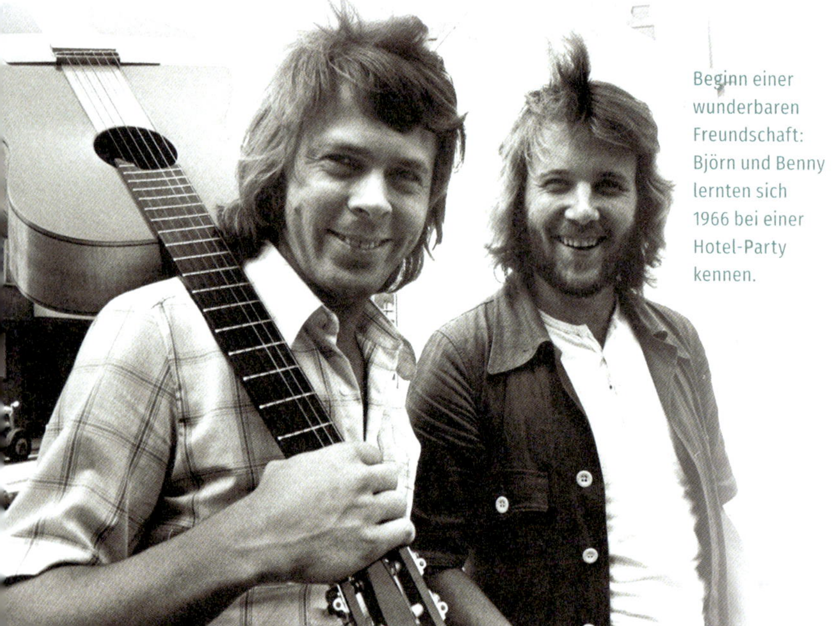

Beginn einer wunderbaren Freundschaft: Björn und Benny lernten sich 1966 bei einer Hotel-Party kennen.

Das vermeintliche Abschiedskonzert fand auf dem Segelflugplatz nahe Falköping statt, die Hootenanny Singers waren als Headliner eines Festivals gebucht. Sie sollten um 17 Uhr auftreten. Als sie gegen 16.15 Uhr mit ihrem klapprigen Volvo über einen Feldweg Richtung Festivalareal rumpelten, kam ihnen die Autokolonne der Hep Stars entgegen, die gerade nach ihrem Auftritt das Gelände verlassen wollten.

Auf dem Kiesweg war Millimeterarbeit gefragt, damit die Autos einander passieren konnten, die Insassen kurbelten die Fenster herunter und redeten miteinander – es war das erste Treffen der beiden führenden schwedischen Popbands!

Man mochte sich! Die „Hoots" luden die „Hepsters" zu ihrer Abschlussparty im Rally Hotel Linköping (heute: Clarion Collection Hotel Slottsparken) ein und feierten die Nacht durch – am Ende im gegenüberliegenden Park, dem Borggårdsparken, weil der Hotelmanager die Partybands nach Beschwerden anderer Gäste rausgeworfen hatte.

So kam es, dass die kreativen Köpfe der beiden Erfolgsgruppen am Ende den Sonnenaufgang zu zweit erlebten: Björn und Benny hatten sich von der Partymeute abgeseilt und spielten einander bis in die frühen Morgenstunden auf Akustikklampfen ihre Lieblingslieder vor. Der Beginn einer wunderbaren Freundschaft.

Drei Wochen später war wieder Partytime. Die „Hoots" feierten ihren ersten Urlaub vom Militär in einer Hütte in Björns Heimatstadt Västervik, natürlich wieder mit ihren neuen Buddys, den Hep Stars.

Und erneut geschah Magisches: Benny und Björn diskutierten inmitten des wilden Partygelages über Songwriting – und setzten sich wieder ab: Sie fuhren zu Björns Elternhaus und begannen eine Jamsession im Keller. Bis sie Björns Vater wegen des Krachs rausschmiss. Aber, immerhin, er gab ihnen den Schlüssel zu seiner Firma.

Dorthin zogen Björn und Benny mitten in der Nacht mit Musikanlage, Gitarre und Orgel um und komponierten bis zum Sonnenaufgang ihren ersten gemeinsamen Song. Als Västervik am 24. Juni, dem Tag der Mittsommernacht, erwachte, war „Isn't It Easy To Say" geboren.

Brillante Dilettanten

400 Millionen Menschen können nicht irren, oder? So viele Tonträger verkauften ABBA insgesamt. Die meisten darauf veröffentlichten Lieder schufen Benny Andersson und Björn Ulvaeus. Damit zählen sie zu den erfolgreichsten Komponisten der Popgeschichte. Dabei können sie den Job gar nicht!

Björn und Benny Komponisten? Die „Kollegen" Bach, Mozart oder Beethoven würden darob vielleicht in den Gräbern rotieren. Sie brachten weiland intuitiv (Johann Sebastian), rauschhaft (Amadeus) oder pedantisch (Ludwig van) ihre abendfüllenden Werke Note für Note zu Papier. Benny und Björn dagegen haben nie gelernt, Noten zu lesen, geschweige denn, ein Lied aufzuschreiben.

Nach traditioneller Definition – „ein Komponist ist ein Autor von für die Interpretation bestimmten Notentexten" – sind Björn und Benny also Dilettanten. Allerdings brillante. Und sie haben mit den alten großen Meistern doch einiges gemeinsam.

Wie Johann Sebastian Bach sind beide Autodidakten. Sie brachten sich – ganz „learning by doing" – ihre Instrumente selbst bei und auch das Komponieren. Wie Wolfgang Amadeus Mozart arbeiteten sie sich mitunter in einen wahren Rausch und schürften nächtelang, um eine Melodie zu finden, die Gold wert sein konnte. Und wie Ludwig van Beethoven gaben sie erst auf, wenn sie restlos zufrieden waren. Auf dem Weg dahin entwarfen sie mehrere Versionen von Liedern, überarbeiteten und verwarfen sie, fingen oft nach stundenlanger Arbeit doch noch mal ganz von vorne an.

Das Arbeitsprinzip blieb dabei im Wesentlichen so wie beim legendären „ersten Mal", nachts in der Fabrik von Gunnar Ulvaeus: Die beiden quälten sich und ihre Instrumente – Akustikgitarre, Klavier oder Akkordeon – stundenlang, bis sie eine brauchbare Melodie fanden. Dazu sangen sie meist sinnfreie englische Worthülsen als ersten Textentwurf – um ein Gefühl zu kriegen, wie das Liedfragment als Popsong würde klingen können. Erst wenn sie zufrieden waren, feilten sie den Entwurf zum Lied. Anfangs prägten sie sich den Song ein und spielten ihn im Aufnahmestudio den Musikern und Produzenten auswendig vor. Ihr Motto, erst aus der Not geboren, wurde zum Erfolgsrezept: „Ein Stück ist nur dann wirklich gut, wenn man es sich bereits bei der Entstehung gut einprägen kann."

Bei der Jagd nach dem Ohrwurm arbeitete Björn später meist alleine an den Texten, wobei er darauf achtete, dass die Sprachmelodie mit der Melodieführung des Liedes harmonierte. Doch selbst, wenn es Lieder ins Aufnahmestudio schafften und auf Band verewigt wurden, hieß das nicht, dass Benny und Björn zufrieden waren und eine Veröffentlichung erfolgte. Die Liste der Songs, die zwar aufgenommen, aber nie regulär veröffentlicht wurden (allenfalls auf Sondereditionen lange nach der „ABBA-Pause"), umfasst mehr als 40 Lieder.

Kollegen aus der Branche bezeichneten die Songschreiber-Methode von Benny und Björn wahlweise als „unkonventionell", „manisch perfektionistisch" oder „einfach unglaublich". Fakt ist: Sie zahlte sich aus.

Das hätte den Altmeistern wiederum wohl gefallen. Und auch, dass Björn und Benny neben Lennon und McCartney und den Beach Boys auch Bach, Beethoven und Verdi als wichtige Einflüsse für ihr kompositorisches Schaffen nannten.

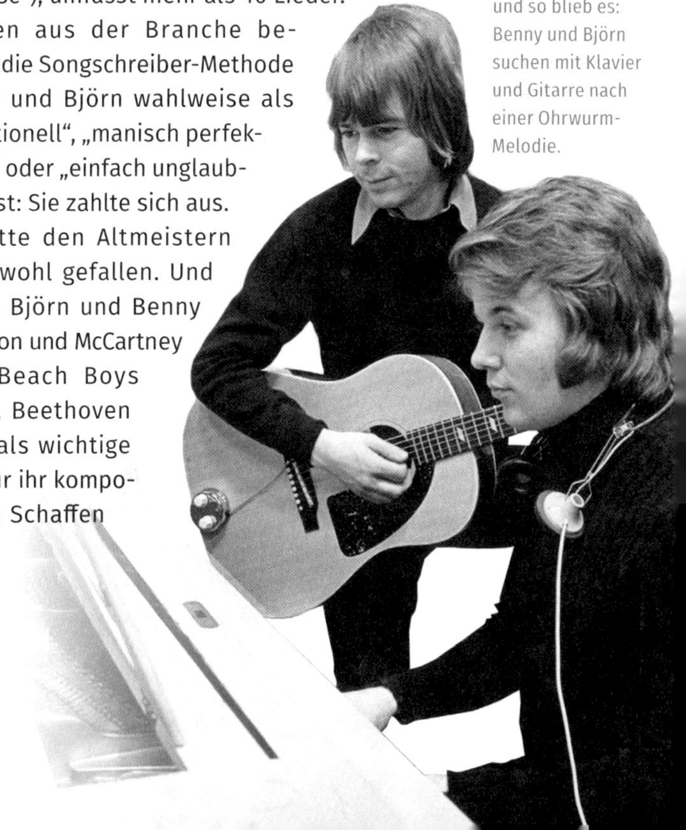

So begann es und so blieb es: Benny und Björn suchen mit Klavier und Gitarre nach einer Ohrwurm-Melodie.

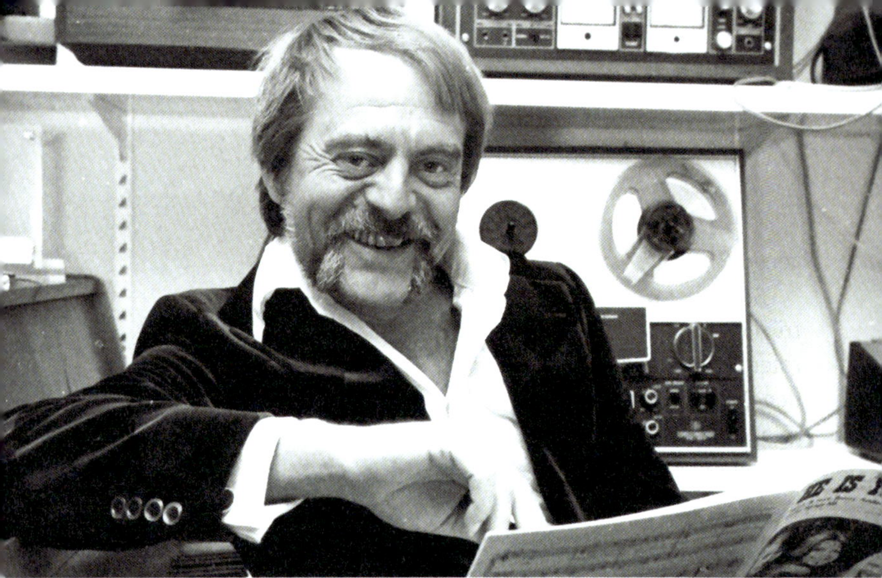

Stig Erik Leopold Anderson, der sogenannte „fünfte ABBA“

Mister Business

Ohne das Talent von Agnetha, Björn, Benny und Anni-Frid hätte der Traum vom Weltruhm nicht wahr werden können. Aber Stig Anderson, der sogenannte „fünfte ABBA“ war immer einen Schritt voraus und zog alle mit: Er träumte schon groß, da trauten sich die anderen vier noch nicht einmal zu schlafen.

„Der Manager von ABBA“! Wer Stig Anderson, geboren am 25. Januar 1931 und als Kind einer alleinerziehenden Mutter in bitterer Armut aufgewachsen, so bezeichnet, sieht nicht viel mehr als die berühmte Spitze des Eisberges.

Denn Stig war Grundschullehrer, Sänger, Musik-Verleger, Produzent und als Komponist und Texter Nummer eins in Schweden – und das alles, bevor einer der künftigen ABBAs auch nur ins Popgeschäft reingeröchelt hatte.

1963 gründete Stig mit seinem langjährigen Freund und Produzentenpartner Bengt Bernhag seine eigene Plattenfirma: Polar Music. Eine Plattenfirma braucht Künstler. Als Bernhag in einer Tageszeitung in einem Artikel über das Festival „Plats på scen" von einer Nachwuchsband las, machte er einen Termin und schickte seinen Partner Stig. Der fuhr – stilecht großkotzig – mit weißem Volvo-Sportwagen vor und nahm die Jungs unter Vertrag: die Folkband von Björn Ulvaeus.

Stig war ehrgeizig und hartnäckig und er hatte einen fast untrüglichen Riecher. Sein unbeirrter Glauben an seine Träume ist ein roter Faden, der sich durch die ABBA-Geschichte zieht, vor allem in den Gründerjahren. Stig erkannte schnell, dass Björn in puncto Talent und Ehrgeiz den anderen Hootenanny-Musikern haushoch überlegen war. Er erkannte die Fähigkeiten von Björns neuem bestem Freund Benny und förderte beide, als er sie fest als Hausproduzenten für Polar einstellte.

Stig sah das Potenzial, das in einer Teilnahme am „Eurovision Song Contest" schlummerte, und dass Erfolg jenseits Skandinaviens nur über diese internationale Plattform möglich war. Er setzte auf „Waterloo" als Sieger-Single. Er war es, der letztlich den Bandnamen durchdrückte. Und er erkannte früh die Bedeutung von extra gedrehten kurzen Filmen für Promotionszwecke – Vorreiter der Musikvideos.

Stig, früh verheiratet mit Gudrun und letztlich Vater dreier Kinder, war daheim liebevoll, im Business aber hart und impulsiv, bis es weh tat – oft gegenüber Geschäftspartnern und manchmal auch sich selbst. Er sagte, was er dachte, warf mit Kugelschreibern, wenn er sauer war und ging keinem Streit aus dem Weg.

Gleichzeitig war er im Musikgeschäft ein brillanter Kopf. „Clever", würdigten die meisten, „durchtrieben und rücksichtslos" schimpften jene, die sich von Stig in dessen fast manischem Bestreben, das Beste (für sich) rauszuholen, über den Tisch gezogen fühlten. Da gab es etliche auf dem Weg durch Stigs fast 40-jährige Karriere als Tausendsassa der Musikbranche – und leider zählten am Ende auch ABBA dazu.

Man trennte sich im Streit. Trotzdem: Als Stig „Mister Business" Anderson, der wohl erfolgreichste Player der schwedischen Musikgeschichte, nach einem Herzinfarkt im September 1997 beigesetzt wurde, gaben ihm bis auf die erkrankte Agnetha alle ABBA-Mitglieder das letzte Geleit.

Liebe auf den zweiten Blick

„Dieses Mädchen wird es weit bringen!" Björn konnte die Augen nicht vom Fernseher lösen und sah fasziniert zu, wie Agnetha im Januar 1968 bei „Studio 8" auftrat. Als sie sich erstmals leibhaftig begegneten, war ihr erster Eindruck dagegen nicht so toll: Sie hielt Björn für einen Schleimer!

Wie passend: Es war im Wonnemonat Mai, als sich Björn und Agnetha 1968 erstmals persönlich gegenüberstanden. Beide sollten im „Målilla Sports Park" in Småland auftreten – sie mit dem Bernt Enghardt's Orchestra, er mit den Hootenanny Singers. Die waren Haupt-Act und verhielten sich auch so: „Sie waren arrogant und angeberisch", berichtete Enghardt. Das gilt wohl nur für Björns Kumpel, denn Björn selbst war – wie damals am Bildschirm – sofort elektrisiert: „Ich weiß, sie ist die Richtige für mich", sagte er am Abend zu seinem Bandkameraden Hansi Schwarz.

Bernt Enghardt erzählte, Agnetha habe Björn „für einen Schleimer" gehalten – aber das ist wohl nur die halbe Wahrheit: Sie hatte nämlich schon für Teenie-Liebling Björn geschwärmt, als sie „nur" Fan und noch nicht selbst Star war. Spätestens, als Björn – klammheimlich und ohne seine Band – eine Show von Agnetha besuchte, war es um sie geschehen: „Ich fühlte mich wie im siebten Himmel."

Dann aber zogen dunkle Wolken auf: Zwei Monate nach dem ersten Treffen in Småland musste Björn in der Zeitung lesen: Agnetha hatte sich am 22. Juli mit dem deutschen Produzenten Dieter Zimmermann verlobt. Björn war am Boden zerstört.

Das Happy End kam einen Mai später: Kurz nach der Entlobung von Zimmermann im Frühjahr 1969 waren Agnetha und Björn als Mitwirkende für ein TV-Special engagiert. Die Dreharbeiten dauerten den ganzen Mai – aber Björn und Agnetha verliebten sich quasi gleich bei ihrer ersten gemeinsamen Szene. „Von da an gab es kein Zurück mehr", erinnerte sich Agnetha.

Sie zogen zusammen, ein Jahr darauf, beim Zypern-Urlaub mit Benny und Anni-Frid im April 1970, verlobten sie sich. Ein weiteres

Jahr später, am 6. Juli 1971, fand die Hochzeit statt. Als kleines, intimes Fest mit den 40 engsten Freunden geplant, lief das Event komplett aus dem Ruder: Über 3000 Fans und Journalisten wollten dabei sein, als sich die zwei begehrtesten Junggesellen der schwedischen Popszene in einer Kapelle in Verum da Ja-Wort gaben.

Benny spielte auf der Kirchenorgel den von ihm komponierten Hep-Stars-Hit „Wedding“. Das Lied, das er Anfang 1966 schrieb, ist nur vom Titel her („Hochzeit“) perfekt. Im Text geht es eigentlich eher um die Ängste und Sorgen (des damals 19-jährigen Benny) vor einer Vermählung. Auf den Text achteten weder die Fans (die das Lied zur Nummer eins kauften) noch Björn und Agnetha: Sie tanzten auf Wolke sieben in den Ehe-Himmel.

Aber – wie viel zu oft im Leben der ABBA-Mitglieder – lagen Freude und Trauer ganz dicht beieinander: Während die Hochzeitsgesellschaft auf Schloss Wittsjöhus ausgelassen feierte, nahm sich Bengt Bernhag, Stigs Produzentenpartner und Björns Entdecker, daheim das Leben. Eine jahrelange schwere Darmerkrankung hatte ihn ausgelaugt. Dass er nicht zu Björns Hochzeit kommen konnte, brachte das Fass der Leiden zum Überlaufen.

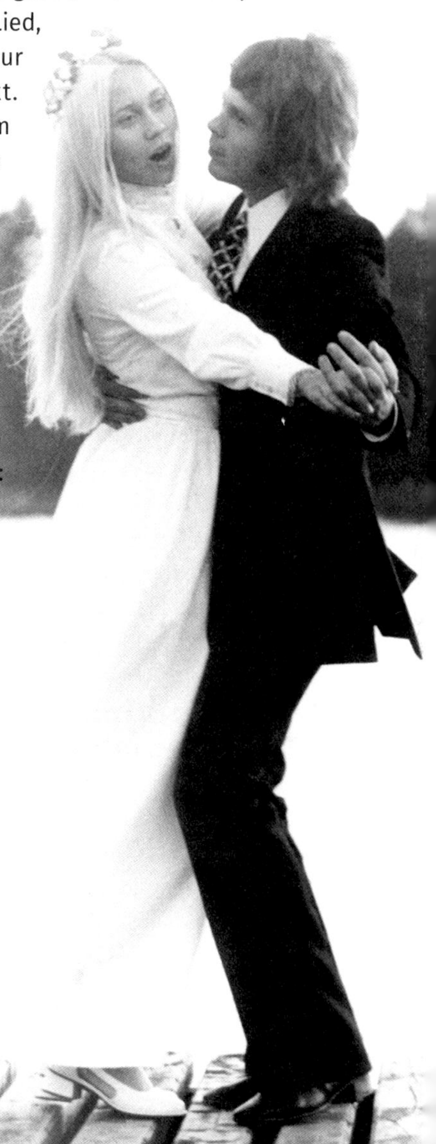

Der Hochzeitstanz von Agnetha und Björn nach der Trauung am 6. Juli 1971. Gespielt wurde „Sunny Girl“, ein Hep-Stars-Hit aus der Feder von Benny.

Keine Hochzeit für Popstars

Agnetha und Björn lernten sich zwar früher kennen, aber als sie sich endlich verlobten, waren Anni-Frid und Benny schon ein Jahr lang offiziell zusammen. Doch die beiden waren ja schon zuvor in Liebesdingen Frühstarter …

Im März 1969 war Anni-Frid seit zwei Monaten solo. Im Januar hatte sie sich von ihrem Ehemann, dem Musiker und Teppichhändler Ragnar, getrennt. Sie suchte in Stockholm den Sangeserfolg, er blieb mit den gemeinsamen Kindern Hans (6) und Ann Lise-Lotte (2) in Eskilstuna.

Benny war zur gleichen Zeit zwar in einer losen Beziehung, aber nicht mehr mit Christina, der Mutter seiner Kinder Hans (6) und Heléne (4). Die Verlobung mit Christina hatte Benny, angeblich am Telefon, im Sommer 1966 gelöst. Bis Christina die Beziehung – und die Existenz der Kinder – in einem Interview im November 1966 „outete", hatten die wenigstens Hep-Stars-Fans Ahnung von Bennys „Jugendsünden".

Am 1. März 1969 trafen Anni-Frid und Benny erstmals aufeinander. Im Cirkus in Stockholm wurde das Melodifestivalen, der schwedische Vorentscheid für den Eurovision Song Contest durchgeführt. Anni-Frid wurde als Sängerin Vierte, Benny landete als Komponist („Hej Clown", gesungen von Jan Malmsjö) auf Rang zwei.

In dem ganzen Trubel flogen noch keine Funken, aber dank dreier weiterer Treffen brannte zumindest Anni-Frid am Monatsende schon lichterloh. Trotz eines One-Night-Stands lief Benny langsamer heiß. Anni-Frid: „Bei mir hatte es gefunkt, ja, bei Benny dauerte es ein wenig länger."

Anfangs wehrten sich beide sogar gegen die keimende Romanze. „Wir beschlossen, uns nicht mehr zu treffen." Aber erfolglos. Anni-Frid zog in Bennys Stockholmer Appartement ein und bereits am 18. August feierten sie, nach einem Auftritt von Anni-Frid im Stockholmer Club „Hamburger Börse“, ihre Verlobung.

Dabei blieb es lange, obwohl Anni-Frid ihr Hochzeitskleid schon 1972 (im Rahmen eines Schneiderkurses) selbst anfertigte. Mehrfach wurde ein Hochzeitstermin verschoben, weil einfach keine Ruhe im ABBA-Trubel einkehren wollte. Erst am 6. Oktober 1978, auf dem Höhepunkt des ABBA-Erfolgs, machten sie Nägel mit Köpfen. Und zwar heimlich: Nicht einmal Björn und Agnetha waren eingeweiht, als Anni-Frid und Benny sich in der Kirche von Stockholms Nobelvorort Lidingö, ganz in der Nähe ihrer Villa, trauten. Trauzeugin war ihre Haushaltshilfe! Sie wollten den Trubel, der Björns und Agnethas Hochzeit ins Chaos stürzte, unbedingt vermeiden.

Mit der Vermählung „widersetzte“ sich Benny einer früher geäußerten Überzeugung. Im Herbst 1966, kurz bevor seine Ex-Verlobte Christina ihre Beziehung und die Kinder „auffliegen“ ließ, hatte Benny in einem Interview erklärt: „Popstars sollten nicht verheiratet sein. Es gehört zu unserem Job, nicht verheiratet zu sein.“

Im Rückblick klingt auch das melancholisch – und prophetisch: Anni-Frids und Bennys Ehe hielt nur zwei Jahre.

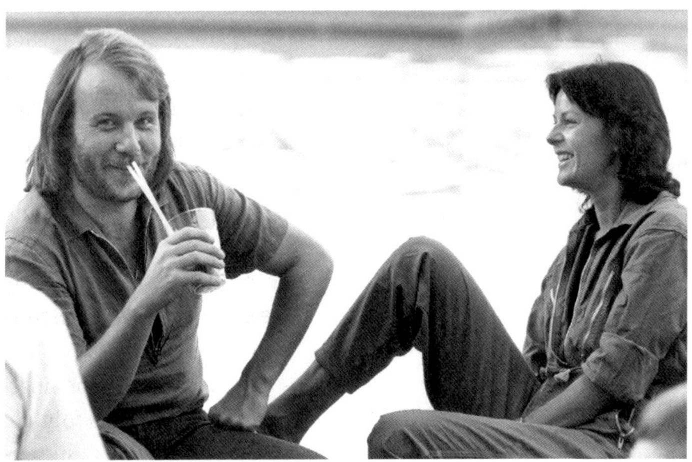

Benny und Anni-Frid im Jahr 1979, ein Jahr nach ihrer Hochzeit, ein Jahr vor ihrer Trennung

Der Widerspenstigen Läuterung

Erst die Liebe, dann die Hits? Die Pärchen Agnetha & Björn und Anni-Frid & Benny hatten sich 1969 zwar gefunden, aber an eine musikalische Arbeit als Quartett war anfangs nicht zu denken. Eher im Gegenteil.

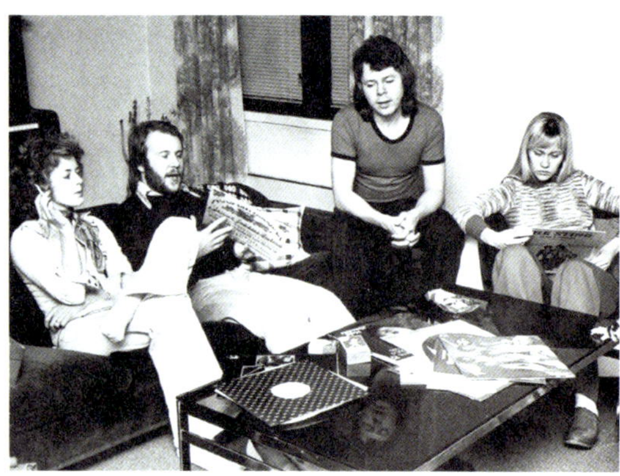

Aller Anfang zu viert war schwer: Anni-Frid, Benny, Björn und Agnetha beim entspannten Platten hören

Gemeinsam musizieren? Für Agnetha war es eine regelrechte Horrorvorstellung! „Björn und ich sind beide jähzornig", meinte sie zu entsprechenden Vorschlägen der Presse, für die eine Zusammenarbeit zweier verliebter Popstars logisch erschien. „Auf der Bühne würde es ständig krachen." Ihr Fazit: „Wir haben Angst davor, gemeinsam Musik zu machen." Björn sah das damals genauso. Er weigerte sich, mit Agnetha zu komponieren oder für sie zu produzieren. „Solange die Songs Hits werden, wird das prima funktionieren", meinte er. „Was aber, wenn die Songs durchfallen?"

Auch Anni-Frid und Benny befanden sich in einem musikalischen Annäherungsprozess. Sie kam aus dem Jazz, er aus dem rockigen Pop, die ersten Versuche, gemeinsam zu arbeiten, waren mühsam. Anni-Frid erinnerte sich später: „Unsere Geschmäcker waren total verschieden. Es war ein heilloses Durcheinander."

Aber: Wer brauchte überhaupt die „innerfamiliäre" Zusammenarbeit? Das Gespann Björn & Benny hatte sich zum

Traumteam entwickelt. Björn hatte Benny den Weg ins Firmenimperium von Stig geebnet und der war angetan vom Komponistentalent der beiden. Mit dem von Brita Borg gesungenen „Ljuval sextital" („Die guten, alten Sechziger") landeten sie im Frühjahr 1969 ihren ersten Top-Ten-Hit – mit Musik von Benny & Björn und Text von Stig Anderson. Eine von Benny und Björn für Schwedens Star Anna-Lena Löfgren produzierte Single eroberte Platz eins der Radiocharts.

Dem Komponistenduo winkte eine große Zukunft. Und wer sah es als erster? Stig natürlich: „Irgendwann werdet ihr beiden einen Song schreiben, der in der ganzen Welt zu hören sein wird", prophezeite er ihnen. Und sie lächelten nachsichtig über die Fantasien ihres Freundes. „Wir nahmen ihn nicht ernst", sagte Björn einmal.

Im Herbst näherten sich die vier Liebespartner endlich musikalisch an. Grund für Agnetha war allerdings ihre Eifersucht! Sie war für die vierwöchige Tournee „Top 69" gebucht und überredete Björn mitzukommen – weil sie nicht wollte, dass er alleine daheim vielleicht auf dumme Gedanken kommen könnte. Kurz vor Agnethas Tour hatten auch Anni-Frid und Benny ihre Bedenken über Bord geworfen: Gemeinsam mit Björn produzierten sie Anni-Frids Single „Peter Pan". Die Single wurde ein Flop und hat doch historischen Wert: Erstmals standen drei Viertel der späteren ABBA gemeinsam im Tonstudio.

Der Durchbruch kam im April 1970. Im Urlaub auf Zypern feierten die vier nicht nur Agnethas 20. Geburtstag und ihre Verlobung mit Björn, sondern auch Premiere als Gesangsquartett. Dass zufälliges gemeinsames Musizieren aber zu einem spontanen Konzert vor UNO-Soldaten geführt hätte, ist eine Mär. Es war einfach ein Deal. Benny: „Sie sagten, spielt jeden Abend ein paar Songs, und dafür mussten wir nichts für den Urlaub zahlen. Also haben wir es gemacht."

Wie auch immer: An Bord des Flugzeugs war auf dem Heimweg eine besondere Fracht: der Plan, es gemeinsam zu versuchen. Sie wollten zu viert eine Show auf die Beine stellen!

Am Tiefpunkt

Endlich: „Wir machen gemeinsame Sache!" Aber es war kein Selbstläufer. Als sich A, B, B und A endlich musikalisch zusammengerauft hatten, wollte sie nämlich kein Schwein hören!

Am 13. Dezember 1970 waren Agnetha, Björn, Benny und Anni-Frid erstmals zu viert im TV zu bewundern. Sie traten in der Musikshow „Five Minutes Salon" auf und sangen „California, Here I Come". Sie trugen Wild-West-Klamotten und Björn einen Schnurrbart, der heute an Marty McFlys Ur-Opa aus „Zurück in die Zukunft 3" erinnert.

„Festfolk" hieß das Musik-Kabarett-Programm, das die Vier ausgetüftelt hatten. Der 45-minütige Mix aus Sketchen und Songs hatte am 1. November 1970 in Göteborg Premiere. Zu sagen, dass „Festfolk" ein Flop war, ist untertrieben: Es hätte die Zukunft der Band als erfolgreichstes Popquartett der Welt beinahe verhindert! Denn die Tour wurde, so Björn, „zum Tiefpunkt unserer Geschichte. Es war peinlich."

Die Kritiken waren eigentlich okay, aber das Publikum blieb aus. Der Misserfolg führte, wie einst von Björn erahnt, zu Streit und Stress. „Wir gingen uns gehörig auf die Nerven." Eine Karriere zu viert schien ferner denn je. Vor allem Anni-Frid ging der Flop an die Nieren. Sie zweifelte an ihren Fähigkeiten als Sängerin. Sie wollte alles hinzuschmeißen, versank monatelang in Depressionen.

An die „Festfolk"-Phase denkt Björn mit Schaudern zurück, vor allem wegen der fürchterlichen Kostüme. „Bei einem Lied traten Benny und ich als Schulbuben auf. Ich hätte nichts dagegen, wenn sich daran niemand mehr erinnern würde."

Ein Gutes lag im Fiasko: Benny und Björn konzentrierten sich auf englische Songs und änderten die Stimmgewalt. Als sie am 29. März 1972 „People Need Love" aufnahmen, gaben sie den Mädchen mehr Gesangsparts. Als Benny das Ergebnis hörte – das erste Lied als Band –, dachte er, wie er später gestand: „Jetzt haben wir unseren ersten echt guten Song gemacht."

Als Ilja Richter die Fans belog

„Der erste Auftritt von ABBA im deutschen Fernsehen fand im Januar 1973 in ‚disco73' statt!" Diese vielfach geäußerte Behauptung ist falsch, und zwar in mehrfacher Hinsicht. Eigentlich ein Affront: Moderator Ilja Richter belog die Fans – und wusste es nicht mal!

Präsenz und Werbung ist das Wichtigste! Stig Anderson ahnte es. Als ihm Benny und Björn ihr „People Need Love" vorlegten, schnürte er für sie deshalb ein Promotion-Paket. In Deutschland, Österreich, Holland, Belgien und Dänemark sollten Song und Gruppe in TV-Shows präsentiert werden.

Am 6. Januar wurde die in Hamburg aufgezeichnete „disco"-Sendung ausgestrahlt, und Ilja Richter kündigte breit strahlend an: „Zum ersten Mal im deutschen Fernsehen: Björn und Benny und Agnetha und Anni-Frid – es kommt also eine Massenszene auf Sie zu."

Also: Nix mit ABBA. Und es war auch nicht nur nicht ABBA „in the house", sondern höchsten ABBI. Denn der größte Schmu: Auf der Bühne stand nicht Agnetha! Die war hochschwanger und wollte sich den Reisestress sicherheitshalber nicht antun. Was also tun? Eine Absage kam für Stig nicht infrage.

Kurzerhand fragte man Inger Brundin, eine Freundin von Anni-Frid, ob die für Agnetha einspringen könnte. Ihren allerersten Einsatz hatte sie bei „disco" – und das sieht man ihr an, denn sie stand noch recht unsicher im Rampenlicht, Playback hin wie her. Sie brachte sogar Anni-Frid kurz aus dem Schunkelrhythmus.

„Uns kannte im Ausland eh noch niemand", erklärte Stig Anderson einmal den Trick. „Die wussten nur, dass da zwei schwedische Jungs und zwei schwedische Mädchen antreten würden." Und immerhin: Inger war ja auch blond.

Der Schwindel fiel niemandem auf. Auch nicht Moderator Ilja Richter. Er hatte keine Ahnung, dass er die TV-Nation belog.

Festival der verpassten Chancen

Ja, ABBA wurden durch den Eurovision Song Contest 1974 weltbekannt. Aber es war ein langer Weg bis zum Triumph. Und er war gepflastert mit Enttäuschungen.

Der Song-Wettbewerb war 1956 von der Europäischen Rundfunkunion (EBU) ins Leben gerufen worden. Einerseits, um das Nachkriegseuropa auf kultureller Ebene zu einen, andererseits, um das neue Medium Fernsehen zu etablieren.
Schweden nahm 1958 erstmals teil – und Stig war sofort am Start. Allerdings schaffte es der erste Beitrag des damals 27-Jährigen nicht einmal in die schwedische Vorauswahl – die „Vorvorauswahl-Jury" lehnte den Song ab. Der Auftakt zu einem langen Weg der Leiden – auch für künftige ABBA-Mitglieder:

1968: Agnethas Lied „Försonade" wird abgelehnt.

1969: Das von Benny, Björn und Stig komponierte und getextete „Ljuva sextital" wird abgelehnt. Dafür schafft es Benny (mit Songwriter-Partner Lasse Berghagen) mit „Hej clown" in die schwedische Vorentscheidung (Melodifestivalen) und auf Platz zwei. Vierte wird Anni-Frid mit „Härlig är vår jord".

1971: Zwei Lieder von Benny und Björn, eines davon mit Stig-Text, werden abgelehnt.

1972: Benny, Björn und Stig erreichen mit „Säj det med en sång" (gesungen von Lena Andersson) das Melodifestivalen. Aber die Jury votet das Lied nur auf Rang drei.

1973: Am 10. Februar singen „Benny & Björn, Agnetha & Anni-Frid" das von Benny, Björn und Stig geschaffene „Ring Ring" beim Melodifestivalen. Agnetha ist nervös: Der Arzt hat ihren Geburtstermin exakt für diesen Tag errechnet! Der Einsatz wird nicht belohnt – wieder nur Rang drei. Nach der Enttäuschung folgte Freude: „Ring Ring" wurde zum ersten Hit des Quartetts, eroberte die Plätze eins (schwedische Version) und zwei (englische Version) der Charts.

Ein Happy End gab es auch jenseits der Charts: Linda Ulvaeus ließ sich genügend Zeit: Agnetha brachte sie erst am 23. Februar um 20.35 Uhr zur Welt.

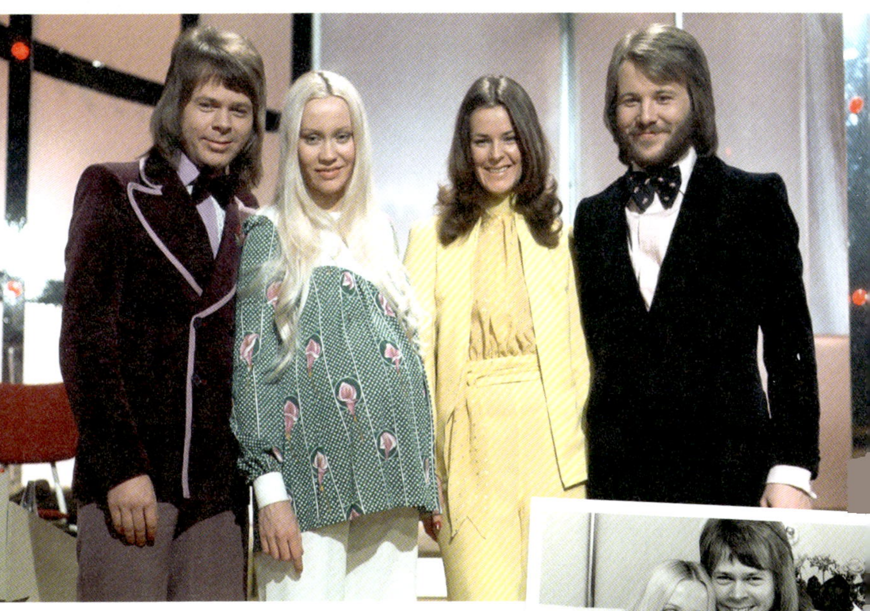

Beim Melodifestivalen 1973 trat Agnetha (2. von links) hochschwanger auf. „Ring Ring" schaffte es trotzdem nur auf Platz drei.

Agnetha und Björn präsentierten ihre Tochter Linda am 26. Februar der Presse: Die wartenden Fotografen mussten Nummern ziehen, so groß war der Andrang.

Alibabamania?

Anfang 1973 hatte Stig die Faxen dick. Immer wenn er mit der Presse über seine Band sprach, brauchte er schon eine Minute, um den Namen „Björn & Benny und Agnetha & Anni-Frid“ auszusprechen. Mit einem Zungenbrecher war eine internationale Karriere nicht zu schaffen.

Beim Melodifestivalen traten sie im Februar als „Björn & Benny und Agnetha & Anni-Frid“ auf, auf dem ersten Album „Ring Ring“ stand im März „Björn Benny & Agnetha Frida“, auf dem Tourbus für die Folkpark-Tour im Juni „Björn Benny Agnetha Frida“. In Amerika erschienen die ersten Platten als „Björn & Benny med svenska flickor“ (mit schwedischen Mädchen), in Mexico unter „Los Suecos“ (Die Schweden). Stig bekam schon einen dicken Hals, wenn er nur an die unterschiedlichen Namen dachte.

Die Zeitung „Göteborgs-Tidningen“ ließ ihre Leser Bandnamen für die Vier vorschlagen und schickte die Einsendungen an die Band. Die ließ verlauten, dass ihnen „Alibaba“, „Baba“ und „Friends & Neighbours“ am besten gefielen.

Aber Stig dachte wieder einmal anders. Er hatte selbst schon mit den Initialen der Bandmitglieder gespielt und war schnell auf ABBA gekommen. Das Problem: Benny und Björn mochten den Namen zu Anfang nicht. Björn sagte einmal: „The Hootenanny Singers war schon ein blöder Name. Noch doofer war wohl nur ABBA.“

Doch Stig setzte sich durch. Erstmals wurde „ABBA“ auf einem mit dem 16. Oktober 1973 datierten Arbeitsblatt bei einer Aufnahme im Metronome Studio in Stockholm benutzt. Die ursprüngliche Titulierung „Björn, Benny, Agnetha & Frida“ war fett durchgestrichen. Vermutlich von Stig.

Stig hatte, was er wollte: ein markantes Akronym, ein Palindrom sogar, einen kurzen, leicht zu merkenden Namen, der in allen Sprachen ausgesprochen werden konnte. Es gab nur noch eine letzte Hürde zu überwinden …

Nicht Fleisch, nur Fisch

Björn und Benny waren „not amused“: „Der Name ABBA riecht nach Fisch in Dosen!“, teilten sie ihrem Manager Stig mit. Und das mit gutem Grund.

Viele Fans in Deutschland (der Autor dieser Zeilen inklusive!) wunderten sich mitten in der „ABBAmania“, als sie in deutschen Supermärkten auf Produkte der Firma „Abba“ stießen: Heringe in Dosen. Hatten die poppigen Schweden um ihren cleveren Manager Stig ihre wachsende Popularität für ein zweites Standbein genutzt und eine Seafood-Konservenfabrik eröffnet?
Klingt witzig, ist aber falsch. ABBA und Abba sind zwei komplett unterschiedliche Paar Stiefel. Einzige Gemeinsamkeit: Ihre Heimat ist Schweden.

Die Fischkonservenfirma Abba Seafood (1838 in Norwegen gegründet, seit 1850 in Stockholm ansässig) war schwedenweit bekannt. Der Name ABBA sorgte also automatisch für Fischaroma in den Hirnwindungen. Daher auch Björns und Bennys anfängliche Miesepetermiene.

Stig rief beim Geschäftsführer an und holte sich die Erlaubnis, den Begriff ABBA nutzen zu dürfen. Er bekam sie unter einer Bedingung. Er erhielt das Okay, solange sich Fisch-Abba „nicht schämen“ müsste, für das, was die Band ABBA „mit unserem Namen anstellt.“

Eine weitere Mär ist, dass die Firma Abba in den 1970er Jahren mehr Produkte in Deutschland verkaufte, weil die Fans ABBA mit Abba gleichsetzten. Andererseits hat wiederum ABBAs „Pause“ nichts damit zu tun, dass Abba 1981 in den Großkonzern Volvo eingegliedert wurde, bevor es 1995 in Orkla ASA aufging.

In den deutschen Supermärkten stehen unter dem Branding „Abba Kungshamn“ noch immer etliche Leckereien wie Heringshappen, Kaviar- oder Krabbencreme. Auch „Kalles Kaviar“, der Rogenaufstrich aus der Tube, den es bei Ikea gibt, stammt aus dem Hause Abba.

Pleiten, Pech und Pannen

ABBA Superstar dank des ESC-Siegs? Von wegen. Die erhoffte Weltkarriere rohrkrepierte sogar beinahe zur Totalkatastrophe. Vor allem in England hätte die Band nach „Waterloo“ um ein Haar ihr Waterloo erlebt.

Ja, „Waterloo“ war Nummer eins in England. Na und? Die Fachpresse war wenig beeindruckt. „Wir nahmen sie nicht ernst“, gab Chris Charlesworth vom angesehenen Melody Maker zu. „Wir dachten: Das sind halt ein paar Schweden, was soll's?!“

Das hatten ABBA nicht auf der Uhr, dass ESC-Sieger auf der Insel eher negativ beäugt wurden. Schließlich waren Benny und Björn megahappy über den Hit im Mutterland des Pop: „Ein Traum wurde wahr!“

Der Traum wurde zum Albtraum. Als „I Do, I Do, I Do, I Do, I Do“ als Single erschien, wurde sie in der englischen Presse vernichtet: „Es ist so schlecht, dass es weh tut.“ Folge: Nur Platz 38, ein veritabler Flop. „Honey Honey“ und „So Long“ schafften es überhaupt nicht in die Top 100. Das überraschte aber nur ABBA. Die Kritiker erwarteten von einem ESC-Sieger ohnehin nur ein „One-Hit-Wonder“.

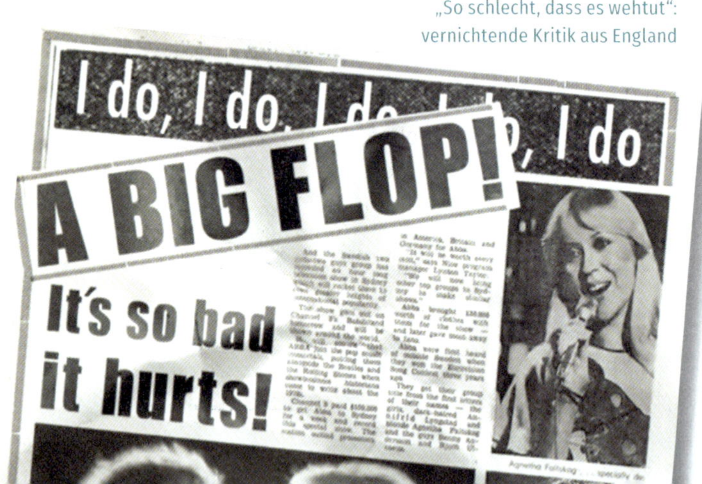

„So schlecht, dass es wehtut“: vernichtende Kritik aus England

An eine Tournee in England war gar nicht zu denken. John Tobler von der UK-Plattenfirma blockte Stigs Idee so höflich wie möglich ab, in Wahrheit dachte er: „Ich war mir nicht mal sicher, ob sie einen Bus hätten füllen können, geschweige das London Palladium."

Miese Stimmung im Mutterland des Pop also. Und jenseits des großen Teichs, im Mekka von Country & Western und den grünen Dollarnoten? Dort verschlief der desinteressierte erste Plattenfirma-Partner (CBS) den Rückenwind durch den ESC-Sieg komplett: Die Single wurde nicht veröffentlicht! Erst ein Wechsel zur WEA pushte „Waterloo" schließlich doch noch in die Charts (und am Ende bis auf Rang sechs) – aber da konzentrierten sich ABBA schon längst auf ihre erste Europa-Tour.

Und die wurde zur Komplettkatastrophe. Zunächst mussten die Daten wegen Terminstresses verschoben werden. Amerika fiel als erstes komplett ins Wasser, dann wurden England, Schottland, Holland, Belgien, Frankreich, Spanien, Jugoslawien, Griechenland, die Türkei und Israel von der Reiseroute gestrichen. Die Ticketnachfrage war einfach zu gering.

Es blieben für Herbst 1974 Dänemark, Deutschland und Österreich übrig. Und kein einziges Konzert war ausverkauft. Der Tourmanager verschenkte in manchen Städten Freikarten, damit die Hallen etwas voller aussahen. Tiefpunkte: In Wien verloren sich statt 5600 nur 1200 Fans in der Stadthalle, die Show in Düsseldorf und das einzige für die Schweiz geplante Konzert mussten wegen geringen Interesses abgesagt werden.

Alle schoben Frust. Und obwohl die zweite Tourhälfte im Januar 1975 durch Skandinavien ein Erfolg war und der geschundenen Künstlerseele schmeichelte, schmiedeten ABBA und Stig einen Plan: Im Sommer 1975 wollten sie in Schweden eine letzte Folkpark-Tour durchziehen – und dann nie mehr live auftreten! Vor der Tour sagte Agnetha in einem Interview: „Ich kann Ihnen versprechen: Das wird die letzte ABBA-Tournee sein."

Aber dann kam leider etwas dazwischen: die ABBAmania!

ABBA. Eine Zeitreise
Teil 1: Der Weg zu ABBA

ABBA traten 1974 erstmals international in Erscheinung. Da waren die vier Mitglieder aber schon alte Hasen im Musikgeschäft. Die wichtigsten Stationen in ihrer Karriere bis zum magischen Meilenstein des ESC:

September 1963 Erstes Treffen von Björn mit Stig Anderson: Stig nimmt Björns Band unter Vertrag.

13. September 1963 Björn und seine Hootenanny Singers sowie die Solistin Anni-Frid nehmen am Talentwettbewerb „Plats på scen" in Norrköping teil.

6. Juni 1966 Benny und Björn begegnen sich zum ersten Mal.

23. Juni 1966 Bei ihrem zweiten Treffen komponieren Björn und Benny ihr erstes Lied gemeinsam: „Isn't It Easy To Say".

10. Januar 1968 Anni-Frid und Agnetha begegnen sich erstmals, als beide als Solokünstlerinnen in der TV-Show „Studio 8" auftreten. Gleichzeitig sieht Björn Agnetha zum ersten Mal – er schaut daheim die Show im Fernsehen.

23. Mai 1968 Agnetha und Björn lernen sich im „Målilla Sports Park" in Småland kennen, wo beide auftreten.

1. März 1969 Beim ESC-Vorentscheid „Melodifestivalen" in Stockholm wird Anni-Frid mit „Härlig är vår jord" nur Vierte. Backstage lernt sie Benny kennen, der als Komponist (für „Hej clown" von Jan Malmsjö) Platz zwei belegt.

Agnetha und Björn nehmen an den Dreharbeiten für ein TV-Special zu Ehren des verstorbenen Schlagerkomponisten Jules Sylvain teil – und verlieben sich ineinander.	**ab 4. Mai 1969** ....
Die erste Arbeit von „Dreiviertel ABBA": Anni-Frid nimmt ihre Single „Peter Pan" auf, geschrieben und getextet von Benny und Björn.	**10. September 1969** ..
An Agnethas 20. Geburtstag fliegt sie mit Björn, Benny und Anni-Frid in den Urlaub nach Zypern. Dort feiern sie die Verlobung von Agnetha und Björn und treten erstmals zu viert auf.	**5. April 1970** ....
Für die Björn-und-Benny-Single „Hej gamle man" stehen alle vier künftigen ABBAs erstmals zu viert im Aufnahmestudio.	**Juni 1970** ....
Erster gemeinsamer TV-Dreh für die TV-Show „Five Minute Salon"	**21. Oktober 1970** ......
Die Music-Varieté-Show „Festfolk", das erste Projekt zu viert, wird in Göteborg uraufgeführt. Die Tour wird ein Flop.	**1. November 1970** ....
Anni-Frid landet einen Nummer-eins-Hit: „Min egen stad" wurde von Benny produziert.	**Sommer 1971** ....
„People Need Love" wird aufgenommen – das erste Lied der noch „Björn & Benny, Agnetha & Anni-Frid" genannten Band.	**29. März 1972** ....
Erster TV-Auftritt in Deutschland. „People Need Love" singen in „disco73" Björn, Benny, Anni-Frid – und deren Freundin Inger Brundin, die die hochschwangere Agnetha ersetzt.	**6. Januar 1973** ....
Einigung auf den Namen ABBA	**Herbst 1973** ....
ABBA gewinnen mit „Waterloo" (schwedische Version) überlegen (302 Punkte) das „Melodifestivalen".	**9. Februar 1974** ....
ABBA gewinnen mit „Waterloo" den Eurovision Song Contest.	**6. April 1974** ....

Oben auf dank Down Under

Der Funke, der ABBA zur größten Pop-Band der Welt explodieren ließ, kam von ungeahnter Seite. Nämlich vom anderen Ende der Welt.

Stig hatte Ende 1974 in Australien einen Plattenvertrag mit RCA geschlossen. Aber „Känguruland" war so weit entfernt wie der ABBA-Terminkalender voll. Weil Promotion vor Ort unmöglich war, machten ABBA aus der Not eine Tugend: Sie drehten erst für „Waterloo", „Ring Ring" (1974) und später (1975) für „I Do, I Do, I Do, I Do, I Do", „SOS", „Mamma Mia" und „Bang-A-Boomerang" kurze Promofilme.

Die Bänder wurden nach Australien geschickt und dort in Musik-TV-Shows wie „Sound Unlimited" oder „Countdown" eingesetzt. Der Tsunami kam ins Schwappen: Im Oktober 1975 starteten ABBA einen Siegeszug, den nicht mal die Beatles schafften: 14 Wochen lang waren sie ununterbrochen Nummer eins der Charts – mit drei verschiedenen Songs! „I Do, I Do, I Do, I Do, I Do" wurde nach drei Wochen von „Mamma Mia" abgelöst, das nach zehn Wochen von „SOS" verdrängt wurde.

Dabei war „Mamma Mia" gar nicht als Single geplant. Die Australier zwangen ABBA förmlich zu ihrem Glück – durch unentwegte Anrufe und flehentliche Bitten. Erst nach dem Australien-Erfolg wurde „Mamma Mia" auch im Rest der Welt veröffentlicht, wurde zu einem globalen Hit und einem „Signature Song" für ABBA.

Erst am 4. März 1976 betraten ABBA erstmals australischen Boden. Kreischende Teenies am Airport, belagerte Hotels, Polizeischutz – ABBA waren geschockt von der Hysterie. Beatles-artige Zustände wegen ihnen? Das war neu. Und rührend: „Wir hatten Tränen in den Augen", gestand Anni-Frid.

Als das 45-minütige TV-Special „The Best Of ABBA" (der Grund für die Reise nach Down Under) in der Show „Bandstand" lief, waren fast 60 Prozent aller australischen Fernseher eingeschaltet – eine höhere Einschaltquote als bei der Mondlandung 1969! Die Plattenverkäufe explodierten: „Fernando" knackte den Rekord von „Hey Jude“ der Beatles: 14 Wochen lang Nummer eins.

Der Promobesuch war eine Sensation, aber nur ein müder Aufgalopp gegen die Szenen, die sich abspielten, als ABBA im März 1977 für ihre erste Konzertreise nach Australien kamen. „They're here!“ („Sie sind da!“) jubelten die Zeitungen. Offiziell sahen 155.000 Zuschauer die elf Konzerte, rund 50.000 lauschten außerhalb der Stadien und Arenen.

Es herrschte Hysterie pur. Es gab einen Stadtempfang in Melbourne mit 6000 Fans und eine Bombendrohung in Perth, Fans drangen in Hotels ein, die Medien lieferten sich per Hubschrauber und Booten (!) Verfolgungsjagden mit den von Polizei eskortierten Karawanen der Gruppe.

„Es war wie bei einem Staatsempfang. Und sie waren der Präsident“, erinnerte sich Annie Wright von der RCA. Und tatsächlich: Der Staatsbesuch von Queen Elizabeth II., die gleichzeitig in Australien weilte, wurde medial vor lauter ABBA-Irrsinn kaum wahrgenommen.

Der Musikhistoriker Glenn Baker meinte zum Erfolg in „ABBAustralia“: „Wir erlebten den gleichen Wahnsinn wie bei den Beatles, die gleiche Verrücktheit, die gleiche Besessenheit.“ Das hatte auch Schattenseiten, wie Agnetha später meinte: „Niemand, der je mit solchen kreischenden, tobenden, hysterischen Menschenmassen konfrontiert wurde, kann behaupten, ihm sei nicht der Angstschweiß ausgebrochen.“

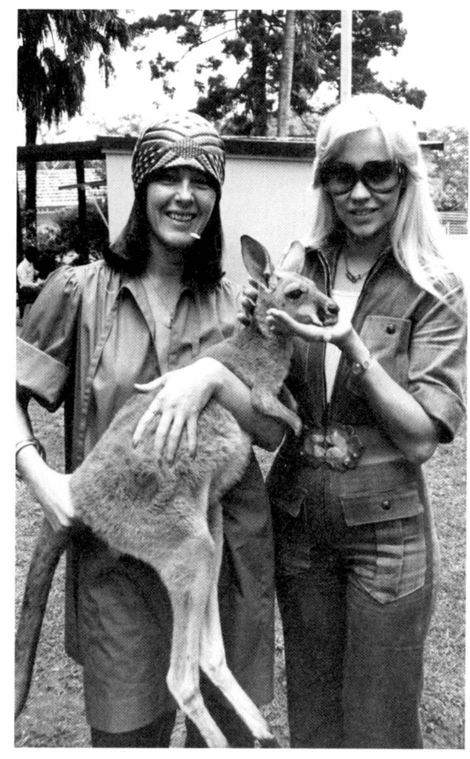

Agnetha und Anni-Frid 1976 mit einem australischen Ureinwohner

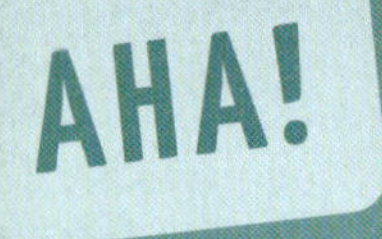

„Kommerzieller Müll“

In Schweden hatten ABBA mit einem „göttlichen“ Problem zu kämpfen. Wie weiland Jesus mussten Benny & Co. erkennen: Der Prophet gilt im eigenen Land nichts. In Bezug auf ABBA ist das untertrieben: Die schwedischen Kritiker hassten das Quartett!

„ABBA machen trivialen, kommerziellen Müll.“ „Sie singen ‚I love you‘, aber ABBA lieben nur die 20 Kronen, die du für das Show-Ticket gezahlt hast.“ So stand’s in schwedischen Zeitschriften zu lesen.

Nein, die „Fachpresse“ in Schweden trug nicht zu ABBAs Durchbruch bei. Im Gegenteil: Je größer der ABBA-Erfolg, desto erbitterter wurde die Abneigung gegen das Hit-Quartett.

Dabei wurden ABBA zum Sündenbock einer politischen Diskussion in Schweden. Das linke „Progressive Rock“-Movement wurde zum Gegenpol bürgerlicher kommerzieller Musik. Denn „Prog Rock“ war nicht nur links und „aussagestark“ – sondern vor allem auch erfolglos. Da war es leicht, die perfekt produzierten, federleichten und textlich tatsächlich eher banalen, kommerziell aber ungemein erfolgreichen ABBA-Songs als das absolut Böse zu zeihen.

1975, als Schweden – wegen ABBAs Sieg in Brighton – den ESC ausrichten musste, organisierte das „Music Movement“ sogar ein Gegen-Festival. Dessen Hymne hieß „Doing The Immoral Song Contest“ und im Text wurde wüst gegen ABBA gehetzt: „Sie sind tot wie Fisch in Dosen. Ihnen ist alles egal, sie wollen nur viel Kohle machen.“

Es war cool, ABBA uncool zu finden. Und besser, man spielte nicht mit den „Schmuddelkindern“: Studiomusikern wurde nahegelegt, lieber nicht für ABBA zu arbeiten, Aufnahmestudios wurden für Ex-ABBA-Musiker „gesperrt“.

Von Fans geliebt, von Medien gehasst: ABBA hatten in Schweden einen schweren Stand.

Nur den Fans war egal, wie sehr die Medien Gift und Galle spuckten. Sie vergötterten ABBA und kauften Song um Song und Album um Album zum Hit.

Der Happen ABBA blieb dem „Music Movement“ dann auch im Halse stecken. Das Movement versank in der Bedeutungslosigkeit, ABBA stieg zur Legende empor. Karma!

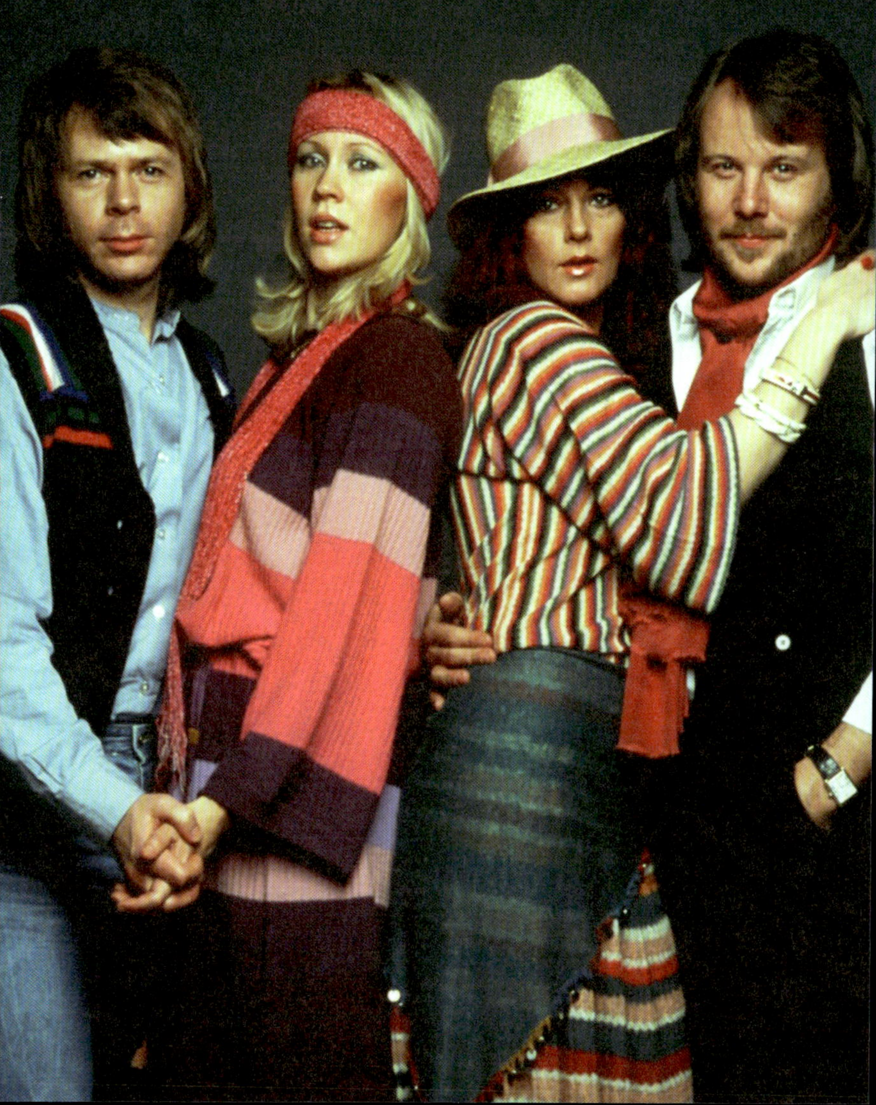

Ein Monster für die Königin?

„Das Beste, was wir je schrieben." So sprach Benny über „Dancing Queen". Hans Bergkvist, Manager von Polar Music, meinte: „Wir haben ein Monster erschaffen." Beide hatten Recht.

„Als ich es erstmals hörte, musste ich weinen, weil es so schön war." Anni-Frid war von „Dancing Queen" sofort begeistert und es blieb stets ihr ABBA-Lieblingslied. Auch Agnetha spürte die Magie sofort: „Man weiß nicht immer, ob ein Lied ein Hit wird. ‚Dancing Queen' war eine Ausnahme: Wir wussten sofort, das wird gewaltig."

Und wie: Eine Woche, nachdem „Dancing Queen" am 16. August 1976 weltweit veröffentlicht wurde, stand es in 14 Ländern der Erde an der Spitze (später wurde es ABBAs einziger Nummer-eins-Hit in den USA). Mit über sechs Millionen verkauften Einheiten wurde es eine der erfolgreichsten Singles der 1970er Jahre (dicht gefolgt von der Vorgängersingle „Fernando", die auch sechs Millionen Einheiten verkaufte und in zwölf Ländern Spitze war) – ein wahrlich monströser Erfolg.

Majestätisch war die Live-Präsentation des Liedes am 18. Juni 1976 im Rahmen der Gala der schwedischen Königsfamilie. Anlass war die am nächsten Tag stattfindende Hochzeit von König Carl Gustaf und der deutschen Ex-Olympia-Hostess Silvia Sommerlath. ABBA traten in barocken Gewändern auf, und an den Blicken des Publikums lässt sich auf Videos erkennen, wie irritiert die in der Königlichen Oper von Stockholm anwesenden Blaublütigen von dem schwungvollen Discosound waren.

Königin Silvia fand den Auftritt klasse und wurde eine gute Freundin der Band, vor allem zu Anni-Frid baute sie ein herzliches Verhältnis auf. Aber dennoch: Die Annahme, dass „Dancing Queen" für die neue schwedische Königin geschrieben worden wäre, ist zwar romantisch, aber falsch. Benny und Björn komponierten das Lied schon im Sommer 1975 – da waren Silvia und ihr Gustaf noch nicht einmal verlobt.

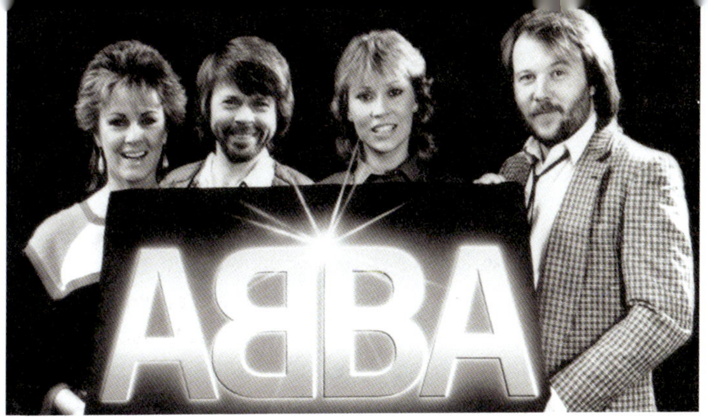

Markenzeichen aus purem Zufall: ABBA (im Jahre 1982) mit ihrem legendären Logo

„Benny, der Depp!"

„Dancing Queen" war die erste Single, die auf dem Cover das neue ABBA-Logo mit dem gespiegelten B präsentierte. Das Signet entstand aus reiner Schusseligkeit.

Na, Bravo. Du hast die Session im Kasten und der Künstler versaut dir die geilen Fotos. So muss Wolfgang „Bubi" Heilemann gedacht haben. Der war jahrelang als Starfotograf für die „Bravo" tätig und hatte ABBA schon bei ihrem ESC-Triumph in Brighton getroffen (und mit ihnen um eine Flasche Schampus auf ihren Sieg gewettet). Seither machte er unzählige Sessions und knipste sie für Europas größtes Jugendmagazin sogar daheim im Heiabettchen.

Ende Januar 1976 hatte Heilemann sein Set im Studio Hamburg aufgebaut. ABBA sollten in Samtklamotten und mit je einem großen Initial-Buchstaben posieren, die Heilemann extra hatte basteln lassen.

Beim Check des Test-Polaroids entdeckte Heilemann die Katastrophe: „Benny, der Depp, hatte seinen Buchstaben falsch gehalten", berichtete er. Mit mulmigen Gefühlen machte er die Band auf den Fehler aufmerksam. Aber die fand – vor allem die Mädchen –, dass das Ganze mit dem „falschen B" viel besser aussah.

Fan-Ruhm für Bubi, Reibach für Rune Söderqvist: Der Grafiker erhielt von ABBA den Auftrag, das Logo nach der Idee der „schiefgelaufenen Session" auszuarbeiten.

Polonaise ABBAnese

ABBA und Deutschland hatten eine innige Beziehung. Die Fans schenkten ABBA ihre Liebe und neun Nummer-eins-Hits. ABBA revanchierten sich, indem sie oft für TV-Shows nach Deutschland reisten. Dabei entstanden einige Szenen für die Ewigkeit.

Schon in prä-ABBAesken Zeiten gab es Ausflüge nach Deutschland. Sowohl Björn und seine Hootenanny Singers (1966) als auch Benny und die Hep Stars (1967) traten im „disco"-Vorläufer „4-3-2-1 Hot & Sweet" auf. Agnetha war erstmals am 22. März 1969 in der Eurovisions-Sendung „Gala-Abend der Schallplatte" zu sehen (neben u.a. Heino, France Gall und den Jacob-Sisters).

Auf 30 Einsätze im west- und ostdeutschen Fernsehen kamen ABBA während ihrer „aktiven Zeit". Nicht mitgerechnet die beiden Grußvideos, die sie zur 100. „disco" und zur 1000. Ausgabe von „Aktuelle Schaubude" schickten sowie die Werbeclips „A wie ABBA", die im Mai 1981 als Promo für das gleichnamige Compilation-Album im deutschen Fernsehen liefen.

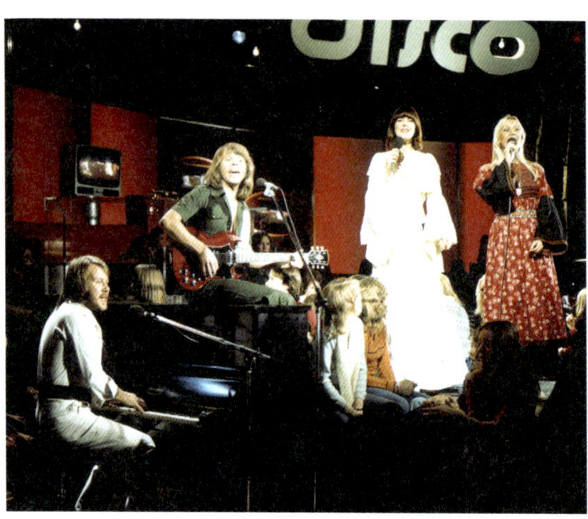

In Ilja Richters „disco" waren ABBA Stammgäste und 13 Mal am Start.

Alleine 13 Mal waren ABBA in Ilja Richters „disco“ zu sehen – acht Mal davon live im Studio. Abgesehen vom allerersten Deutschlandauftritt 1973 (mit Inger Brundin als Ersatz für die schwangere Agnetha) wurde vor allem das Gastspiel im Februar 1976 legendär: Zum Abschluss der in der Faschingszeit gesendeten Show sang Tony Marshall sein Stimmungslied „Vom Hofbräuhaus zur Reeperbahn“ und Moderator Ilja Richter „zwang“ alle anderen Showgäste (inklusive The Rubettes, Bernd Clüver und Costa Cordalis) zur Polonaise durch Studio und Publikum. Auf Filmmaterial machen ABBA gute Miene zum bösen Klatsch- und Schunkel-Spiel – ABBA-Fans nannten den Auftritt dennoch „Demütigung“, „Unverschämtheit“ und „Beleidigung“.

Der erste TV-Auftritt nach dem ESC-Sieg fand in Deutschland statt und war faktisch der erste TV-Auftritt der kompletten ABBA in Germany. In „Aktuelle Schaubude“ (11. April 1974), moderiert von Marie-Louise Steinbauer, sangen ABBA in ihren Sieger-Outfits von Brighton ihren Sieger-Song. Ihre Glam-Klamotten bildeten zur bieder-pittoresken Kulisse mit Hexenhäuschen-Ambiente und herumtobenden Kindern einen geradezu realsatirischen Kontrast.

Am 16. Mai 1974 wurden ABBA in der „Starparade“ von Moderator Rainer Holbe im Napoleon-Kostüm empfangen. ABBA performten (außer „Waterloo“) hier erstmals „Honey, Honey“. Der besondere Clou aber: Es traten die ersten Drei des ESC erstmals wieder gemeinsam in einer Sendung auf: ABBA, Gigliola Cinquetti und Mouth & McNeal. Und dazu noch die Plüschfigurentruppe The Wombles, die in Brighton als Pausenfüller zu sehen waren.

Der einzige Live-Auftritt im DDR-Fernsehen wurde am 2. November 1974 ausgestrahlt. In „Ein Kessel Buntes“ performten ABBA „Waterloo“, als Zugabe zum Show-Finale „Honey, Honey“, „So Long“ und als besonders Schmankerl einen Teil der deutschsprachigen Version von „Waterloo“.

Für die DDR-Sendung „Rund“ (28. Februar 1976) nahmen ABBA ein Grußvideo im Stockholmer Studio auf: Björn schickte auf Deutsch (!) „an alle Freunde von Rund“ einen „musikalischen Gruß über die Ostsee“. Moderator Bodo Freudl erklärte, ABBAs Terminkalender sei für einen Besuch zu voll gewesen. In Wahrheit war den Verantwortlichen die geforderte Gage zu hoch.

Der „Musikladen“ widmete in seiner zwölfjährigen Geschichte nur einer Band ein exklusives Special – ABBA! In der Episode 27 wurden am 21. August 1976 zehn Songs präsentiert, auch „Dancing Queen“. Dabei war der zur Zeit der Produktion im Januar in Bremen noch gar nicht veröffentlicht. Die von Michael Leckebusch produzierte Sendung war auch in England („ABBA In The Beat Club“) und Australien („ABBA In Europe“, moderiert vom späteren Superstar John Farnham) zu sehen.

Am 18. Februar 1978 waren ABBA zu Gast bei Rudi Carrells „Am laufenden Band“ – am Tag nach der deutschen Premiere von „ABBA – The Movie“. Besonderheiten: Agnetha verkündete den Rätselgewinner „Herr Jäger“ – und im Publikum saß Anni-Frids Vater Alfred Haase.

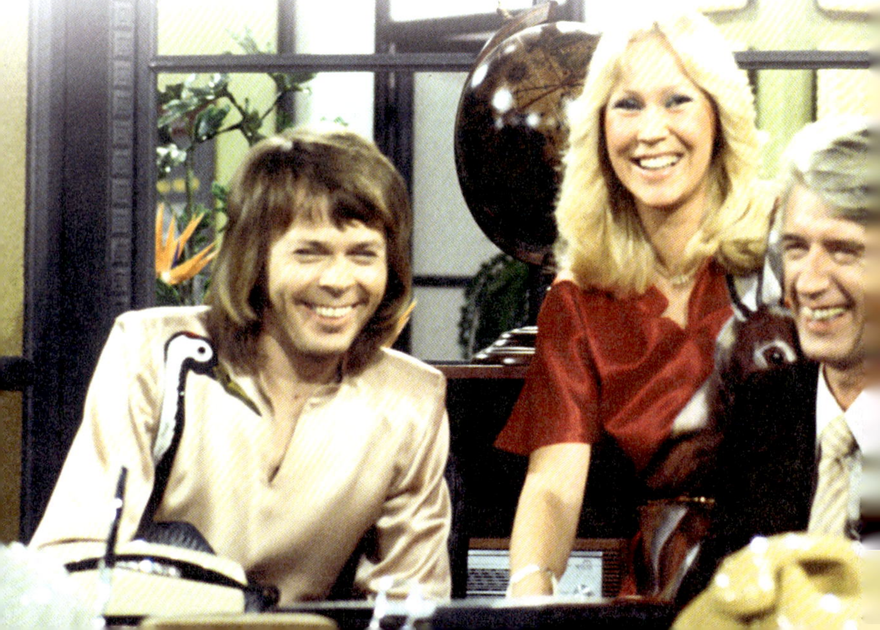

Der „Show-Express“, die Nachfolge-Sendung der „Starparade“, zeitigte zwei denkwürdige Auftritte von ABBA: Für die Sendung am 27. November 1980 wollten ABBA nach Hof kommen. Als Entführungsdrohungen gegen die Bandmitglieder ausgesprochen wurden, riet die Polizei dringend von der Anreise ab. Das ZDF schickte stattdessen sein Team nach Stockholm, wo der ABBA-Auftritt gedreht und per Satellit eingespielt wurde. Fast auf den Tag genau zwei Jahre später (11. November 1982) waren ABBA dann live beim „Show-Express“ in der Saarlandhalle in Saarbrücken. Sie spielten „Cassandra“ sowie „The Day Before You Came“ und „Under Attack“, die beiden letzten in Deutschland veröffentlichten Singles.

Es war nicht nur die letzte „Show-Express“-Ausgabe, sondern auch der letzte Live-Auftritt ABBAs in einer TV-Show. Ihr allerletzter folgte einen Monat später (11. Dezember 1982) in der englischen „Late Late Breakfast Show“. Allerdings wurde der Beitrag in Stockholm gedreht und das Interview live in die UK-Show geschaltet.

Februar 1978: der einzige ABBA-Auftritt in Rudi Carrells „Am laufenden Band“

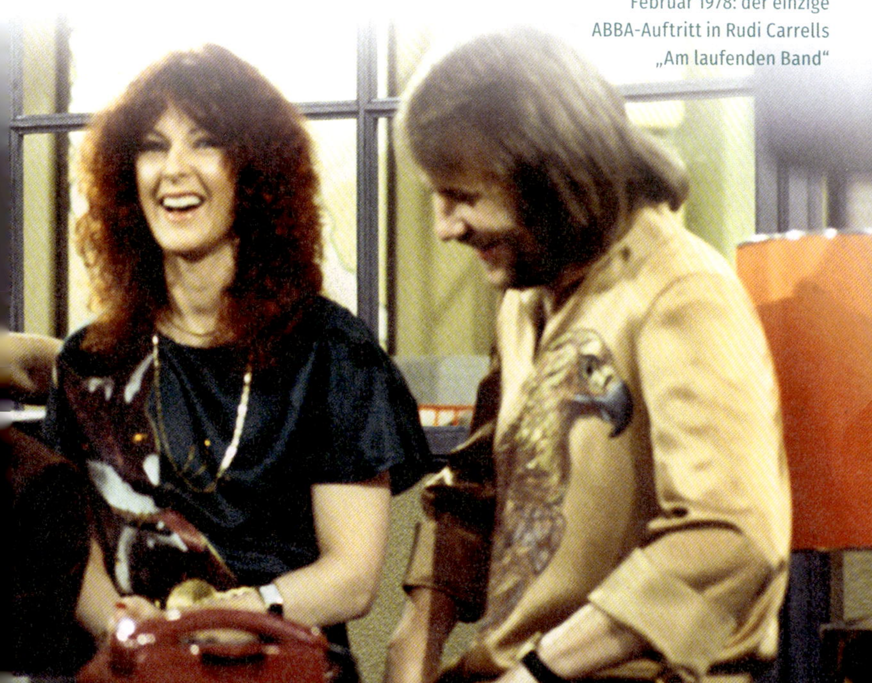

Ankunft und Wendepunkt

„Arrival“, das vierte Studioalbum, machte ABBA zu Weltstars. Der LP-Meilenstein wurde aber auch zum Wendepunkt. Es begann, im ABBA-Getriebe zu knirschen.

14 Monate dauerte es von den ersten Aufnahmen für „Dancing Queen“ bis zur Veröffentlichung von „Arrival“ am 11. Oktober 1976 – vor allem ein Zeichen dafür, unter welchem Termindruck ABBA standen. In dem Zeitraum wurden die Soloalben von Agnetha und Frida veröffentlicht, Promoreisen durch Australien, Kanada, Amerika und sogar Polen wurden absolviert, Tourproben standen an. Der Stress lastete zunehmend auf den ABBA-Mitgliedern. Anni-Frid war sauer, weil ihr nach dem Erfolg ihres Albums „Frida en sam“ eine Solo-TV-Show untersagt wurde. Es sollte das Image als Gruppe nicht beschädigt werden – welch dramatische Wendung zu den Anfangstagen, als die Option einer „Gruppenbildung“ fast kategorisch ausgeschlossen worden war.

Agnetha hatte auf Promoreisen genauso wenig Bock wie auf Tourneen. Sie wäre am liebsten daheim bei Töchterchen Linda geblieben. Sie zu verlassen, tat ihr immer weh. Agnetha hatte nicht vergessen, dass Linda ihre Eltern bei der Rückkehr vom zweiwöchigen ESC-Trip 1974 nicht mehr erkannt hatte und sich weinend in die Arme des Kindermädchens flüchtete.

Das belastete die Beziehung zu Björn. „Er ist ein Workaholic“, sagte sie. „Sie will wirklich niemals irgendwo hin mitfahren“, klagte er. Die Auseinandersetzungen im Hause Ulvaeus/Fältskog häuften sich – auch befeuert durch Agnethas notorische Eifersucht.

Erster Hit-gewordener Hinweis der Ehekrise wurde „Knowing Me, Knowing You“. Ein Mann, alleine, ein letztes Mal im Haus, wo er mit seiner Frau lebte.

Im Studio gab es andere Probleme: Benny und Björn verlangten von den Girls immer neue Gesangsspuren und noch höhere Töne, Takes wurden bis zur Erschöpfung wiederholt. Das zerrte an den Nerven der Ladys: In der Fanwahrnehmung waren sie die Hauptattraktionen von ABBA, im Studio sollten sie aber nach dem Pfeifen der Masterminds Benny und Björn tanzen – die wiederum in der Außenwirkung als „auch zur Gruppe gehörig" registriert wurden, als Quasi-Nebensache.

Weil die beiden As von ABBA so auch den ganzen Medien- und Fanrummel abbekamen und überall belagert wurden, wo sie – egal wie getarnt auch immer – auftauchten, während sich die Bs halbwegs entspannt auf ihre Priorität – Studioarbeit – konzentrieren konnten, knallte es unentwegt. Studiomusiker zogen sich diskret zurück, wenn mal wieder gezetert statt gesungen wurde.

Das alles schadete dem Produkt nicht. „Arrival" wurde zum wohl besten Studioalbum der Band und auch mit neun Millionen Verkäufen zum erfolgreichsten. Das Album wurde Nummer eins in elf Ländern. Darunter Deutschland und Großbritannien, wo es 15 beziehungsweise zehn Wochen den Charts-Thron blockierte und endlich die ABBAmania auch auf die britische Insel schwappen ließ.

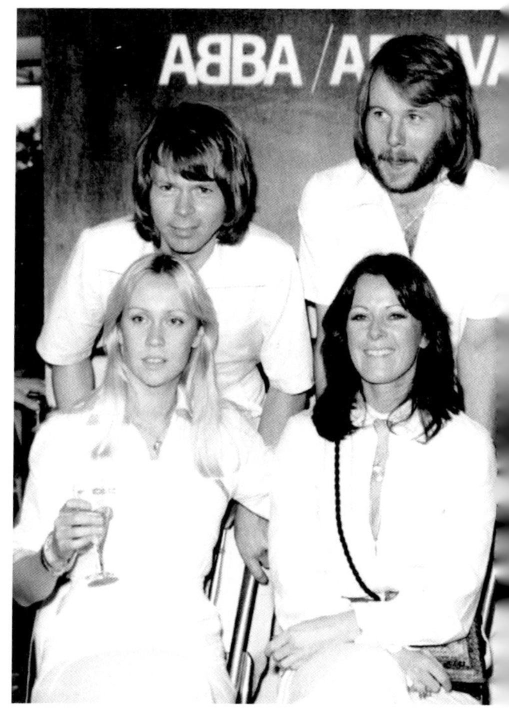

Apropos blockieren: Polen reservierte das gesamte vom Staat bewilligte Jahreskontingent für den Import westlicher Musik für „Arrival" – 800.000 Exemplare.

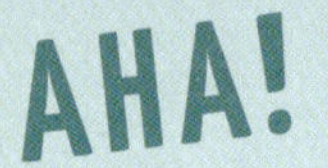

Links und rechts des Meilensteins

Die Kritiker mochten ABBA nicht. Die Fans schon. Über neun Millionen kauften „Arrival“. Und das, obwohl es im Plattenregal kernige Konkurrenz gab.

Fleetwood Mac – „Rumors“

Im Februar 1977 erschien mit „Rumors“ das Opus magnum der britischen Band (40 Millionen Mal verkauft). Allerdings zerfiel die von Drogeneskapaden und Beziehungsproblemen zwischen den Paaren John und Christine McVie sowie Lindsay Buckingham und Stevie Nicks geschüttelte Band beinahe während des Aufnahmeprozesses.

Eagles – „Hotel California“

Im Dezember 1976 veröffentlichten Don Henley & Co. ihr Meisterwerk „Hotel California“. Auch dieses Erfolgsalbum (32 Mio.) geriet im Stress zwischen Tourneen und Studio zur Zerreißprobe: Es gab sogar Handgreiflichkeiten.

Meat Loaf – „Bat Out Of Hell“

Wie Björn und Benny waren Komponist Jim Steinman und Sänger Meat Loaf ein Dreamteam (wenngleich das weniger lange hielt). Im Oktober 1977 kam das als Musical entwickelte „Bat Out Of Hell“ auf den Markt – und wurde, mit 50 Mio. verkauften Exemplaren, das dritterfolgreichste Album der Geschichte.

Soundtrack „Saturday Night Fever“

Es ist kein reines Bee Gees-Album (nur acht der 17 Songs wurden von den Gibb-Brüdern geschrieben), aber es wurde ihr größter Erfolg, denn ihre Hits („Stayin’ Alive“, „Night Fever“, „How Deep Is Your Love“) machten das Doppelalbum zum Travolta-Film zum Hit. Das Album (November 1977) verkaufte 40 Mio. Exemplare und ließ die Disco-Welle überschwappen. Die Bee Gees schrieben ihre Songs als Auftragsarbeit an einem Wochenende in einem Studio bei Paris. Sie hatten den Film überhaupt nicht gesehen.

Sein Name ist Haase

Mit Deutschland verbindet ABBA mehr als nur TV-Shows und Rekordverkäufe. Good old Germany sorgte für ein paar schier unglaubliche oder auch schlicht unfassbare Geschichten.

Eigentlich unglaublich: Ein 15-jähriges deutsches Mädchen liest in der Bravo-Ausgabe 36/1977 von Anni-Frids verschwundenem Vater Alfred Haase und denkt sich: „Guck, ihr Papa heißt wie mein Onkel." Ein paar verblüffte Gespräche später stand die Sensation fest: Der Onkel des Mädchens war tatsächlich Anni-Frids Vater – von dem diese glaubte, er sei beim Untergang eines deutschen Schiffes Anfang 1945 ertrunken. Zwölf Tage später, am 9. September 1977, standen sich Vater und Tochter erstmals in Anni-Frids Haus gegenüber. Alfred und Anni-Frid fanden zueinander, aber eine innige Liebe wurde es nie. Sie hielten nur rund zehn Jahre lang Kontakt. Alfred Haase starb im Februar 2009.

Zum Glück nicht wahr war die Nachricht, die 1976 aus Deutschland (West) gestreut wurde: Angeblich waren bis auf Anni-Frid alle ABBA-Mitglieder bei einem Unglück auf dem Flughafen Berlin-Tempelhof gestorben! Damit spielten ABBA endgültig in der Liga der Beatles, denn deren Fans hatten Paul McCartney auch einst (zum Glück ebenso vorschnell) für tot erklärt.

Leider als Fake entpuppte sich das auch über DDR-Radio gestreute fantastische Gerücht, ABBA hätten während ihrer Tournee im Frühjahr 1977 heimlich in Mecklenburg-Vorpommern Station gemacht.

Ebenso unglaublich, aber wahr: Eines Tages wurden Benny und Anni-Frid in ihrer Villa in der Morgendämmerung wach, weil sie Geräusche hörten. Als sie nachsahen, süffelte auf ihrer Terrasse eine westdeutsche Fanfamilie entspannt den frühmorgendlichen Kaffee – aus Tassen, die sie sich aus der Küche der Stars „geliehen" hatten ...

Der Krieg der Katzen

„Sie gehen sich fauchend an die Kehlen!" Teile der Medien war die heile Welt bei ABBA einfach zu heil. Sie wollten einen Keil zwischen Agnetha und Anni-Frid treiben.

Die Tour 1977 wurde ein riesiger Erfolg. In der Royal Albert Hall in London spielten ABBA an zwei Tagen – hätten bei 3,5 Millionen Ticketanfragen die berühmte Halle aber über 500 Mal ausverkaufen können.

Die britische Skandalpresse stürzte sich auf die Aushängeschilder der Band – „das blonde Gift" und die „brünette Hexe". Die Frage „Die Blonde oder die Dunkle?" beschäftigte auch Zigtausende pubertierender deutscher Fans, aber der englische Boulevard grub tiefer und erfand den „Secret Catfight of ABBA's Angels" (Geheimer Katzenkrieg der ABBA-Engel). Die Girls würden kreischend aufeinander losgehen – es wurden sogar Handgreiflichkeiten angedeutet.

Die britische Schmuddelpresse wollte ein Eifersuchtsszenario schüren: Schließlich war Agnetha (Konzertkritik aus Australien: „Ihr Hintern ist besser als die Show!") als der „schönste Po des Popgeschäfts" gerühmt worden, als „schwedische Sünde". Über Anni-Frids reifere Reize wurde selten so blumig berichtet, dabei waren ihre Miniröcke meistens kürzer als die von Agnetha.

Die Fantasie der Engländer ging zwar mit ihnen durch – aber spannungsfrei war das Verhältnis von Agnetha und Anni-Frid in der Tat nicht. „Wir sind wie Schwestern", meinte Agnetha einmal. „Aber auch Schwestern streiten hin und wieder." Im Studio gingen die beiden ab und zu hoch wie Vulkane, wenn sich der Stress der stundenlangen Sessions Bahn brach – aber nicht gegeneinander, sondern eher wegen der immer neuen Forderungen der Produzenten Björn und Benny.

Auf der Bühne wiederum gab es tatsächlich eine gewisse Rivalität. „Wir versuchten schon, einander auszustechen", räumte

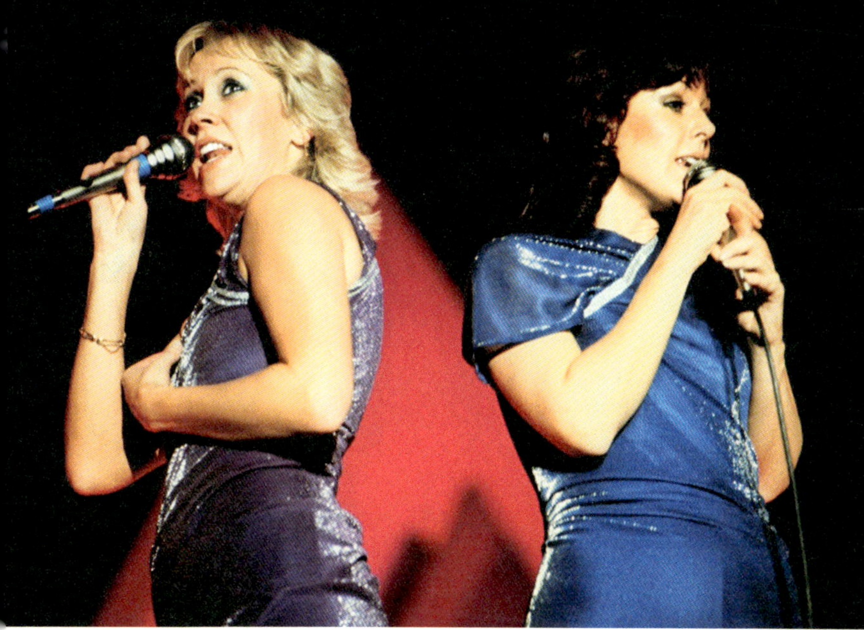

„Ohne ihre Stimmen wären ABBA nichts", sagten Björn und Benny über Agnetha und Anni-Frid.

Anni-Frid einmal ein, und tatsächlich ist auf einem Video zu sehen, dass Anni-Frid Agnetha aus dem Weg schubst. Aber dadurch, dass sie einander beweisen wollten, dass jede die bessere Sängerin sei, stachelten sie sich gegenseitig zu Höchstleistungen an.

Agnetha ärgerte sich über die konstruierte Feindschaft maßlos. Anni-Frid hatte ihr vor allem in der Zeit nach der Geburt von Linda wie die untadeligste Freundin beigestanden. Auch auf Tour war Anni-Frid eine wichtige Stütze. „Wir sind grundverschieden, auch bei den Auftritten", meinte Agnetha. Anni-Frid hatte sich nach schweren Anfangsjahren regelrecht in die Bühne verliebt, genoss die Konzerte und den Jubel der Fans. Bei Agnetha war es anders: Sie wurde die Geister, die sie als Teenager-Idol im Teenager-Alter gerufen hatte, nicht mehr los – sie empfand Auftritte, Fanmassen und Promotionreisen als Last. „Meine musikalische Heimat ist das Studio, nicht die Bühne", gestand sie. Außerdem litt sie permanent unter Heimweh und Sehnsucht nach ihrer Tochter. Und Anni-Frid stand Agnetha in vielen Frustmomenten bei: „Sie war immer für mich da."

Filmriss

Knapp über eine Million deutsche Fans schauten sich „ABBA – Der Film“ 1978 im Kino an. Das waren zwar jeweils rund 3,5 Millionen weniger als bei „Nur Samstag Nacht“ und „Grease“, aber immerhin. Angesichts der Drehumstände muss es sogar als Sensation gelten.

„Übrigens, wir machen in Australien einen Film.“ Natürlich drückte Stig die Idee durch. Es war aber nicht seine: Die australische Firma „Reg Grundy Production“ regte den Streifen wegen der grassierenden ABBAmania an – und zahlte auch ein Viertel der Produktionskosten von am Ende fünf Millionen Kronen (rund 700.000 Dollar).

ABBAs Videoregisseur Lasse Hallström sollte Regie führen, und er war von Anfang an aus gutem Grund nervös. Es gab kein Drehbuch – Lasse schrieb es im Flugzeug auf dem Weg nach Australien, weil er meinte, Konzertaufnahmen alleine seien selbst eingefleischten ABBA-Fans zu langweilig. Also erfand er die Story um einen Reporter, der ABBA durch Australien verfolgt, um ein Interview zu kriegen, und einen Bodyguard, der versucht, ihn daran zu hindern.

Die Band, die schon mit der Tour ein Problem hatte (Björn: „Tourneen sind tödlich langweilig.“), war nicht begeistert. Benny war sogar dagegen, wollte Lasse vor Ort auch zunächst Aufnahmen auf der Bühne unter-

US-Filmplakat „ABBA – The Movie“

sagen. Beim Auftaktkonzert in Sydney goss es aus Kübeln, Wasser drang in die Kameras ein und vernichtete den Großteil der Szenen.

Die Tatsache, dass ABBA zunächst gar nicht mitgeteilt wurde, dass der seltsame Reporter (Robert Hughes) und der Bodyguard (Tom Oliver) Schauspieler waren, führte bei Band und Crew zu Irritationen. Einmal wäre Hughes fast von der Security-Truppe vermöbelt worden, weil er Oliver – wie es im Drehbuch stand – ein wenig wegschubsen musste.

Mit 50 Stunden Material kehrte man aus Australien zurück – viel zu wenig für einen abendfüllenden Film. Also musste in Schweden ausgiebig nachgedreht werden. Was eigentlich gar nicht passte, denn „ABBA – Das Album“ musste fertiggestellt werden und Benny und Björn waren im Dauerstress. Agnetha war zudem erneut schwanger – und erlitt im August im sechsten Monat beinahe eine Fehlgeburt. Frida wiederum brach sich bei einem Treppensturz das Schlüsselbein.

Hat sich die Mühe gelohnt? Innerhalb eines Jahres sahen weltweit fünf Millionen Fans den Streifen. Er war also kein Verlustgeschäft. Agnetha aber mochte den Film nicht, nachdem sie gesehen hatte, wie oft sie von hinten zu sehen war – Wasser auf die Mühlen des Pressetenors um „den hübschesten Po der Popszene“ zu kippen, fand sie schrecklich.

Lasse Hallström hatte nicht die einfachsten Monate. In Australien entlud sich der Druck in einem spontanen Trinkgelage mit Björn. Als sich die Crew Sorgen um den verschwundenen Björn machte, fand man beide sturzbesoffen in Lasses Hotelzimmer – gemeinsam im Bett!

Die Kritiken fielen für ein so chaotisches Unterfangen eigentlich nett aus. „Der Film ist so harmlos, dass auch seine Schwächen nicht schwer ins Gewicht fallen“, urteilte „Die Zeit“.

One Man, One Woman

Peter Christian, das zweite Kind von Agnetha und Björn, kam am 4. Dezember 1977 zur Welt. Er war noch kein Jahr alt, da erkannten seine Eltern endlich: Ihre Ehe war am Ende.

„Er ist der beste Mann und Vater, den man sich vorstellen kann." Das sah Agnetha sicher auch mal so, aber die letzte Madame Fältskog, die so von Björn schwärmte, war Agnethas Mutter Birgit. Sie besuchte ihre Tochter, Enkelin Linda und den Traum-Schwiegersohn in der vermeintlichen Idylle der neuen Villa, die Agnetha und Björn im November 1976 im noblen Stockholmer Vorort Lidingö bezogen.

Aber im Umzugswagen wurde die Ehekrise quasi mitgeliefert. Agnetha und Björn erkannten es, wollten aber kämpfen. Die Entscheidung für ein zweites Kind hatten sie gemeinsam und nach reiflicher Überlegung getroffen.

„Kein Lächeln, kein einziges Wort am Frühstückstisch. Es gibt so viel, das ich sagen möchte, aber du gehst und knallst die Tür zu – wie so oft", heißt es gleich zu Beginn in „One Man, One Woman". Der Text, den Björn im Herbst 1977 auf dem Boden seines Fitnessraums schrieb, war wie eine wortgewordene Computertomographie ihrer Ehe. Der kleine Christian brachte nur kurz unbeschwerte Freude in die Ulvaeus-Villa. Dann wurde wieder gezankt, gestritten, gebrüllt oder kalt geschwiegen. Eifersucht hier (Agnetha), Starrsinnigkeit da (Björn). Die beiden keiften sich auch im Tonstudio an – und ließen damit auch Benny, Anni-Frid und die Crew an ihrer Laune teilhaben. Und die war meistens schlecht.

Auch der letzte Versuch mit einer Paartherapie misslang – die Eherettungsmission scheiterte. Björn blieb abends länger als nötig im Tonstudio – damit Agnetha vielleicht schon im Bett war, wenn er endlich heimkehrte. „Da wusste ich, es ist vorbei." Mitte Dezember 1978 teilten sie ihren Eltern sowie Benny und Anni-Frid ihre Entscheidung zur Scheidung mit. „Niemand war wirklich überrascht", meinte Agnetha.

Den Weihnachtsabend 1978 verbrachten sie ein letztes Mal als Familie, am Morgen des 25. Dezember zog Agnetha mit den Kindern aus – ins nur ein paar Autominuten entfernte, ehemals als Gästehaus der ABBA-Plattenfirma Polar Music angelegte Anwesen. Björn blieb in der Villa und tat exakt das, was er schon im März 1976 geschrieben hatte, im Text von „Knowing Me, Knowing You": „Kein unbeschwertes Lachen mehr, Stille überall. Ich laufe durch ein leeres Haus, Tränen in den Augen."

Der Traum des einstigen Königspaares des schwedischen Pop wurde zum Albtraum. Und sicher war das Leben als Popstar, ständig verfolgt von Fans, unfähig, daheim einen normalen Spaziergang mit den Kindern zu machen, eine Belastung. Aber zu behaupten, ABBA hätte die Entzweiung verursacht, ist falsch. Vielleicht, so Agnetha, hatten sie einfach zu früh geheiratet. „Wir haben uns im Laufe der Jahre einfach in verschiedene Richtungen entwickelt."

ABBA war nicht schuld am Eheaus. Aber ABBA profitierte davon. Zunächst ...

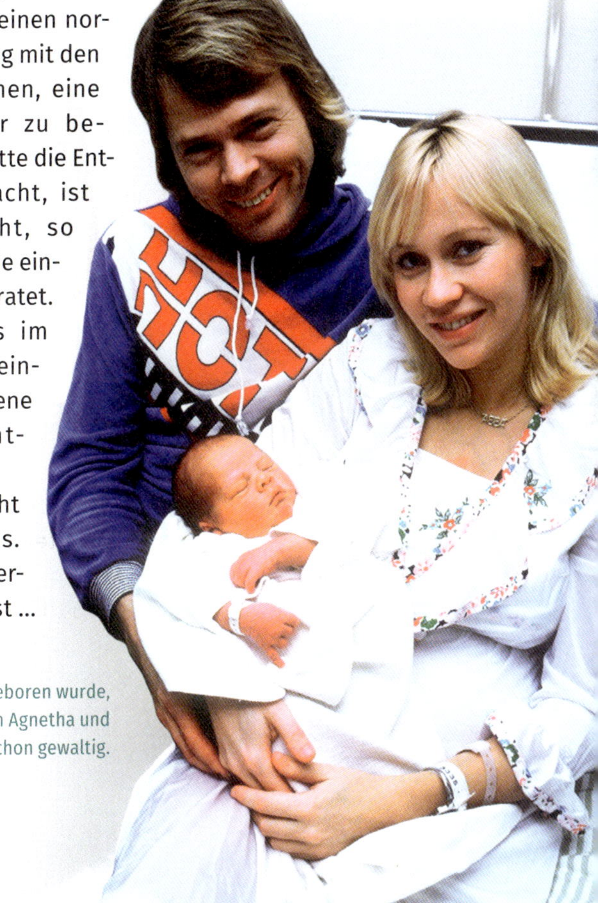

Als Peter Christian geboren wurde, kriselte es zwischen Agnetha und Björn schon gewaltig.

ABBA in Rock

Unmöglich, Led Zeppelin, Motörhead und sogar die deutschen Brachial-Rocker Rammstein mit ABBA in einem Atemzug zu nennen? Von wegen!

Benny und Björn entstammten dem Mix aus Folk, Beat und schwedischen Volksliedern, Agnetha liebte Schlagerpop à la Connie Francis, Anni-Frid sang Jazz. Beim Komponieren ließen sich Benny und Björn aber auch von Glam Rock inspirieren. Vielleicht ein Grund, warum viele Rocker ABBA wesentlich mehr Liebe entgegenbrachten als die Musikkritiker. Ray Davis (The Kinks), Elvis Costello, Pete Townshend (The Who) waren von ABBA begeistert. Im Mai 1978 eröffneten ABBA ihr „Polar Music Studio“. Sündteuer und auf dem höchsten technischen Standard. Das sprach sich herum. Schon im November buchten Led Zeppelin zwei Wochen, um an ihrem Album „In Through The Out Door“ zu arbeiten. Jimmy Page war Fan von ABBA und ihren starken Melodien.

Page, Robert Plant & Co. waren bei den London-Shows 1979 VIP-Gäste von ABBA und bei deren After-Show-Partys, ebenso wie die Mucker von Deep Purple und Joe Strummer (The Clash). Glen Matlock (Sex Pistols) gab zu, dass er das Gitarrenriff für „Pretty Vacant“ von „SOS“ geklaut hatte. Und der oberböse Pistols-Bube Sid Vicious ließ es sich nicht nehmen, bei einer Begegnung am Flughafen Agnetha und Anni-Frid die Hand zu schütteln. Selbst Lemmy Kilmister, Motörhead-Frontmann und „Godfather of Heavy Metal“, war Fan: „ABBA ist guter Schmalz!“

Die Polar Studios wurden nach ABBAs aktiver Zeit zum Mekka für Künstler, die Top-Sounds suchten. Unter anderem schlugen hier Celine Dion, Genesis, die Ramones, die Beastie Boys, sogar die Boyband Backstreet Boys ihre Arbeitszelte auf – und natürlich auch die schwedischen Lokalmatadoren und kommenden Weltstars Roxette. Und auch Rammstein waren hier. Sie probten hier im Januar 1995 für die Aufnahmen für ihr Debütalbum „Herzeleid“.

AHA!

The Winner Takes The Whiskey

Für Agnetha ist es „der beste ABBA-Song überhaupt". Tatsächlich: „The Winner Takes It All" ist und war ein ganz besonderes Lied – von Anfang an.

Komponiert wurde das Lied (noch mit dem Arbeitstitel „The Story Of My Life") im Cottage auf der „ABBA-Insel" Viggsö, Anfang Juni 1980 begannen die Aufnahmearbeiten. Björn nahm wie üblich die Demospur mit nach Hause, um dort am Text zu arbeiten.

Um in die richtige Stimmung zu kommen, trank er ein paar Whiskey. „Ich war ziemlich betrunken", räumte er ein. Aber der Text an sich flutschte ihm so zügig aufs Papier wie die edle Spirituose die Kehle hinab: Er brauchte nur eine Stunde. Björn: „Als ich schrieb ‚The gods may throw their dice' war die Flasche leer."

Der melodramatische Text über eine Frau, die ihren Geliebten an eine andere verloren hat, führte bei den Fans zu Missdeutungen. Obwohl „The Winner Takes It All" zweifelsfrei von ihrer Trennung inspiriert war, war es eben kein Eingeständnis Björns, dass er Agnetha betrogen hatte. Das hätte er nie getan, so Björn, außerdem: „Bei unserer Trennung gab es keine Gewinner."

Agnetha übernahm die Gesangsrolle, wie es Björn geplant hatte. Sie legte im Studio alles Gefühl in die Aufnahmen und war grandios: Als der Take im Kasten war, flossen im Studio Tränen – nicht nur bei Agnetha!

Die Fans aber jubelten: Es wurde ein Riesenhit, ein Klassiker, der lange nachhallte: „The Winner Takes It All" wurde über 250 Mal (!) von anderen Künstlern gecovert. Eine der ersten Coverversionen lieferte Marianne Rosenberg schon 1980 mit der eingedeutschten Fassung „Nur Sieger steh'n im Licht".

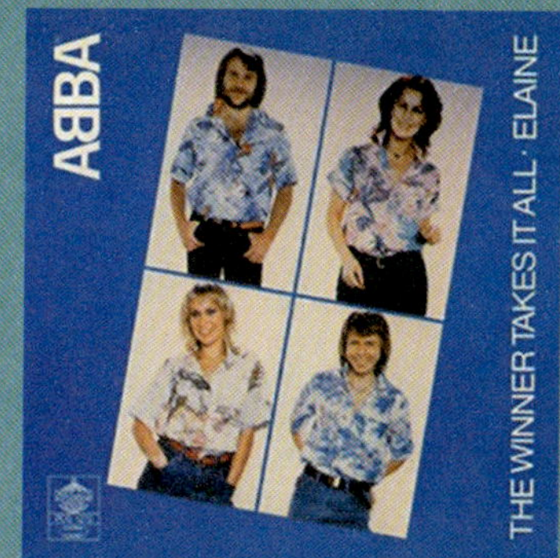

Das Single-Cover von „The Winner Takes It All"

Trügerischer Triumphzug

Die Trennung von Björn und Agnetha war für ABBA wie ein reinigendes Gewitter. 1979 gab es nur eine Richtung: nach oben! Aber der Triumphzug wurde trügerisch – und sogar lebensgefährlich.

Die Single „Chiquitita" ebnete den Erfolgsweg schon im Januar. Im April folgte das Album „Voulez-Vous". Die Geschäftsbilanz von Polar Music wies für 1978 einen Reingewinn von 50 Millionen Kronen aus.

Vom Erfolgsgefühl beseelt wurde sogar eine neue Tournee beschlossen. Die ABBA-Mehrheit war mittlerweile gegen das Touren. Agnetha hasste die Konzertreisen sowieso. Björn machte sich wegen allem Möglichen schon Wochen vor einem Tourstart Sorgen und durchlitt schlaflose Nächte. Benny verlebte den Probenmarathon ab Mai 1979 so cool wie er sich dann unmittelbar vor Konzertbeginn in einen panischen Zappelphilipp verwandelte. Nur Anni-Frid war uneingeschränkt happy.

Vier Konzerte in Kanada, 14 in den USA, 23 in Europa standen an. Agnetha war von dem Moment an, als sie ihre Kinder zurück-

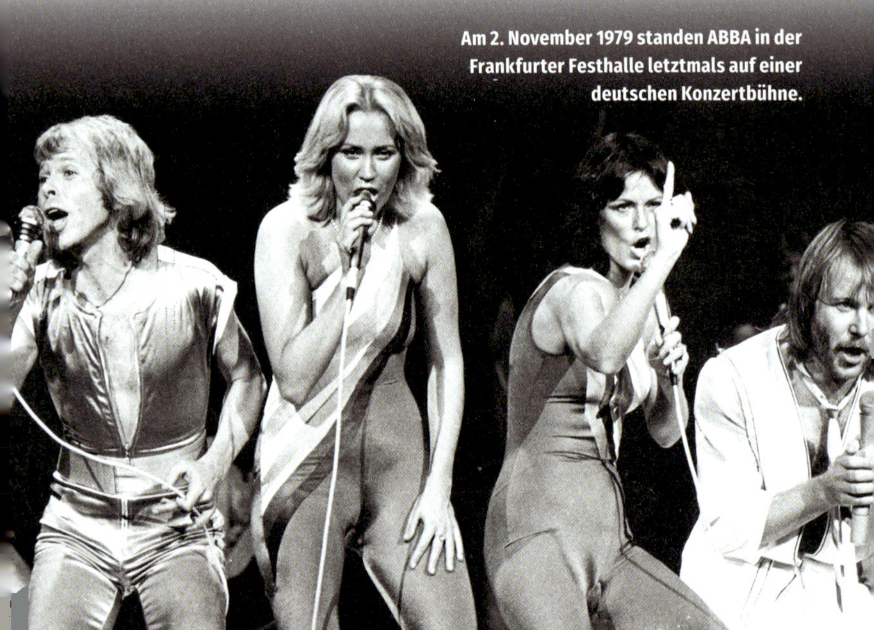

Am 2. November 1979 standen ABBA in der Frankfurter Festhalle letztmals auf einer deutschen Konzertbühne.

ließ, ein Nervenbündel. Und beinahe hätten sie einander nie mehr wiedergesehen! Am Nachmittag des 3. Oktober, einen Tag nach dem triumphalen Konzert in der New Yorker Radio City Music Hall, flog Agnetha mit den Band-Privatjet (den man vom exzentrischen Millionär Howard Hughes gechartert hatte) nach Boston. Da kam der Jet aber nie an.

Die Maschine geriet in einen heftigen Tornado, die Landebahn des Zielflughafens war verwüstet, der Sprit für eine Rückkehr nach New York zu knapp. Mit knapper Not schaffte der Pilot auf einem kleinen Flughafen in Manchester eine Notlandung. Agnetha, die schon vor dieser Tour panische Flugangst hatte, war mit den Nerven am Ende: „Ich betete, ich hatte Todesangst."

Das wahre Wunder fand danach statt: Agnetha stand noch am selben Abend – das Konzert in Boston begann nur anderthalb Stunden verspätet – auf der Bühne! Erst danach setzte der Schock ein: Das Konzert in Washington wurde abgesagt, am Besuch im Weißen Haus nahm sie nicht teil. Davon abgesehen verlief die Tour ebenso erfolgreich wie in Europa. Alle fünf Shows in Deutschland waren ausverkauft, ebenso – ein Triumph für Björn und Benny – die sechs Konzerte in der Wembley Arena. Nach dem Abschlusskonzert in Dublin (an Anni-Frids 34. Geburtstag) waren alle bester Stimmung, sogar Agnetha.

Das änderte sich im März. Zum Abschluss der Welttournee stand Japan auf dem Programm. ABBA hatten den asiatischen Markt zwar spät erobert, dann aber umso brachialer: Es kam zu Tumulten wie einst in Australien. Aber davon hatten alle ABBA-Mitglieder mittlerweile die Nase voll. „So konnte es nicht mehr weitergehen", sah sogar die konzertbegeisterte Anni-Frid ein.

Ergebnis: Die 12.000 begeisterten japanischen Fans, die am 27. März 1980 das sechste Konzert von ABBA im Nippon Budokan von Tokio sahen, waren Zeuge des allerletzten Konzerts von ABBA. Denn als sie zwei Tage später wieder sicheren schwedischen Boden unter den Füßen hatten, war für die vier Mitglieder beschlossene Sache: Das war's. Nie mehr live!

Die Zeit der letzten Male war angebrochen.

When All Is Said And Done

Am 12. Februar 1981 bummelte Anni-Frid zum Supermarkt. Ihr Blick fiel auf die Zeitungsständer. Sie erstarrte, machte kehrt und verbarrikadierte sich zu Hause. Die Schlagzeile – „Scheidung!" – brannte in ihrem Kopf.

Dass die 13 gemeinsamen Jahre nicht endlos verlängert werden würden, war Benny und Anni-Frid schon 1980 klar. Das Prickeln war verschwunden, die Liebe zur Routine geworden. Am Ende hielt die Zweckgemeinschaft ABBA die Ehe irgendwie zusammen. Andererseits waren sie von der ABBA-Welt (Studiostress, Fan-Wahn, Medienrummel) derart umzingelt, dass es ihnen am Ende schwerfiel, als Duo klarzukommen. „Wir suchten Ausreden, gemeinsam auszugehen, damit wir nicht alleine zu Hause bleiben mussten." Wie einst Björn meinte auch Benny: „Hätte es ABBA nicht gegeben, hätten wir uns viel früher getrennt."

Auch Anni-Frid und Benny hatten einen Therapeuten konsultiert, erfolglos. Als sie sich im Herbst 1980 ein Wochenendhaus kauften, hatte Benny bereits die Fernsehreporterin Mona Nörklit kennengelernt. Die Liebe keimte schnell. Indem er Anni-Frid ehrlich gestand, dass er sich neu verliebt hatte, sorgte er für klare Verhältnisse. Aber natürlich kam Anni-Frid damit nicht so gut klar wie er. Denn sie sah Benny nach, als der die gemeinsame Villa für immer verließ – und litt. Nachdem sie die Scheidungsmeldungen am Kiosk gesehen hatte, verließ sie eine Woche nicht das Haus. Benny indes zog zu Mona in deren Appartement und in eine neue Liebe.

„The Winner Takes It All" war der „Agnetha & Björn"-Song. Das „Anni-Frid & Benny"-Requiem wurde „When All Is Said And Done". Björn hatte es nicht explizit für oder wegen der beiden getextet, aber die melancholischen Lyrics („Wenn der Sommer vorüber ist und die dunklen Wolken die Sonne verbergen, sind weder du noch ich schuld, wenn alles gesagt und getan ist") entstanden in der Hochphase der Trennung.

Anni-Frid sang das Lied selbst. Schön wie nie.

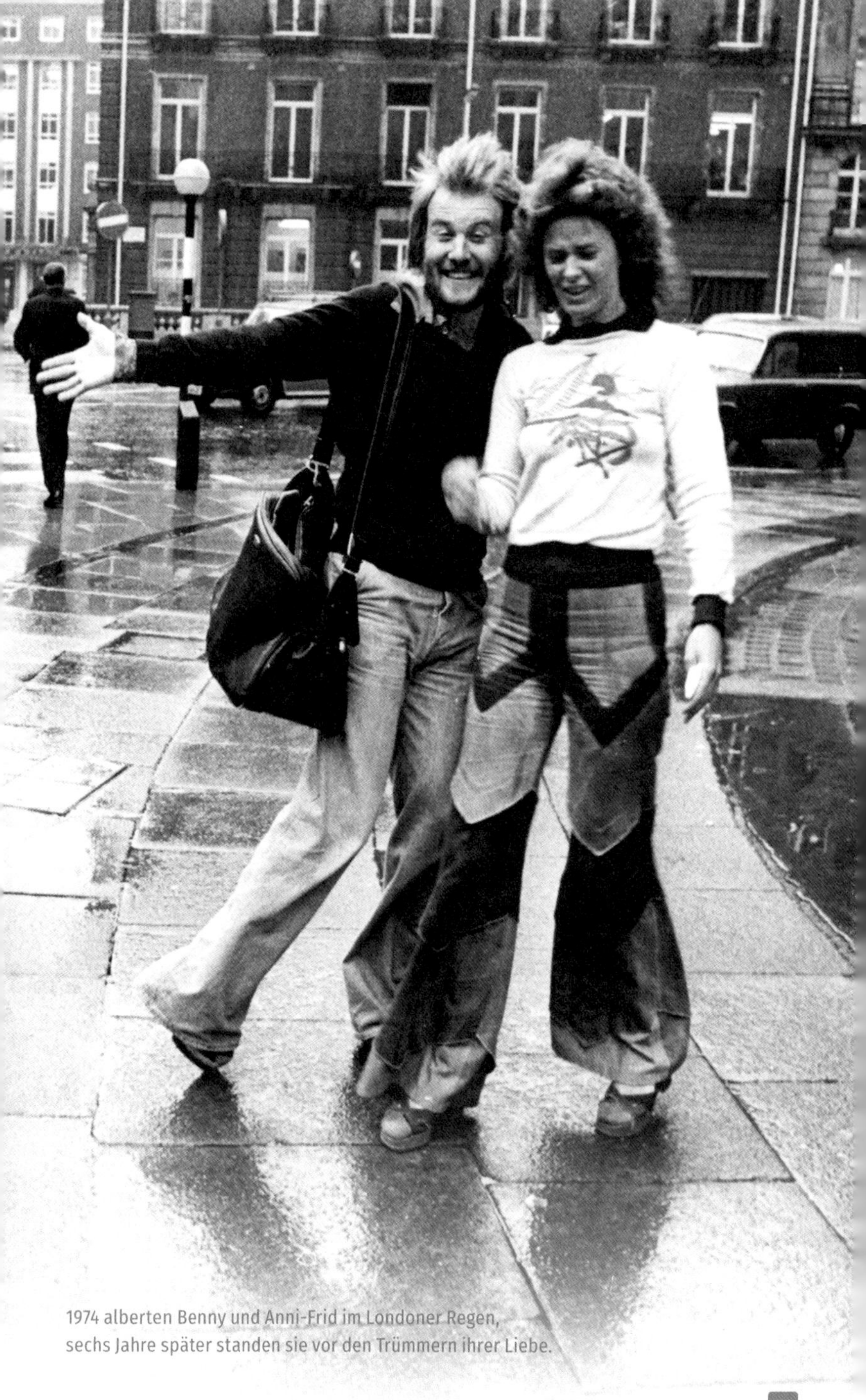

1974 alberten Benny und Anni-Frid im Londoner Regen,
sechs Jahre später standen sie vor den Trümmern ihrer Liebe.

Unheilvolle Besucher

Verliebte Jungs, unglückliche Mädchen. Als A, B, B und A versuchten, separate Privatleben zu leben, blieb das Gemeinsame auf der Strecke: ABBA.

Björn war, so sagte er selbst, „nur eine Woche Single". Nachdem Agnetha am ersten Weihnachtsfeiertag 1978 ausgezogen war, verliebte er sich bei der Silvesterparty von Benny und Anni-Frid in Lena Källersjö. Die war im Dunstkreis ABBAs keine Unbekannte und auch mit Agnetha gut befreundet – und sah ihr sogar ähnlich. Am 5. Januar 1981 heirateten Björn und Lena in aller Heimlichkeit. Benny war schon verliebt, als er sich von Anni-Frid trennte. Eine Woche, nachdem beider Scheidung rechtskräftig war, heirateten Benny und Mona (die wiederum Anni-Frid optisch ähnelte) am 3. Dezember 1981. Um das neue private Glück beider ABBA-Boys perfekt zu machen, brachten Lena (3. Januar 1982) und Mona (10. Januar 1982) gesunde Babys auf die Welt.

Agnetha und Anni-Frid hatten in Liebesdingen weniger Glück. Im Bestreben, zwischen Privatleben mit den Kindern und der Verfolgung durch Klatschpresse und Fans nicht aufgerieben zu werden, fand Agnetha kein währendes Glück. Auch eine neue Verlobung mit dem Polizisten Tobjörn Brander scheiterte. Anni-Frid verliebte sich in den Selfmade-Millionär Bertil Hjert, aber es hielt nicht lange.

Jede/r der Vier hatte eigene Probleme und/oder Glücksmomente. Was blieb da noch an Zeit und Energie für ABBA übrig? Zu wenig: Ein Jahr nach dem von Fans und Kritikern (!) gelobten „Super Trouper"-Album folgte im November 1981 „The Visitors". Das Album war ein Abgesang. Die Single „One Of Us" wurde ein letzter Hit, aber Nummer eins nur in Deutschland.

Im Studio hatte frostige Endzeitstimmung geherrscht. Kein Miteinander mehr, keine Freude, kein Feuer. Nicht einmal bei Benny und Björn. „Wir sind völlig leer", gestand Björn seinem Freund Berka. „Möglicherweise ist diese Geschichte bald zu Ende."

Der unschuldige Monthy Python

And now to something completely different: Monty Python sind nicht schuld am Ende von ABBA!

„Chess" setzte ABBA schachmatt! Denn zugunsten ihres großen Traums, ein Musical zu schreiben, änderten Benny und Björn die Pläne: „Es wird 1983 kein neues ABBA-Album geben!" Das war durchaus okay, denn die ABBA-Batterien waren leer. Ende August 1982 sang Agnetha die letzten Takes für „The Day Before You Came" ein. Es blieb für lange Zeit die letzte gemeinsame Studioarbeit.

Während Anni-Frid (mit Produzent Phil Collins) und Agnetha (mit Produzent Mike Chapman) Solo-LPs veröffentlicht hatten, trafen sich Benny und Björn mit dem Musical-Texter Tim Rice und bastelten über ein Jahr lang an „Chess". Das Musical, das den Monsterhit „One Night In Bangkok" enthielt, wurde 1984 als Doppelalbum ein Renner, als Musical in London im Mai 1986 ein Achtungserfolg und am Broadway (1988) ein Vollflop – der erste in der Geschichte des Komponistenduos Andersson/Ulvaeus.

Vielleicht hatte John Cleese einfach nur einen guten Riecher. Den legendären Monty-Python-Komiker hatten Benny und Björn während ihres Kreativurlaubs im Januar 1980 auf Barbados kennengelernt. Beide waren riesige Fans des schrägen Humors der Macher von „Das Leben des Brian". Während eines alkoholseligen Abendessens fragten sie Cleese, ob er nicht die Texte für ihr Musical schreiben wollte. Cleese lehnte ab – dafür reichte sein Humorverständnis dann doch nicht.

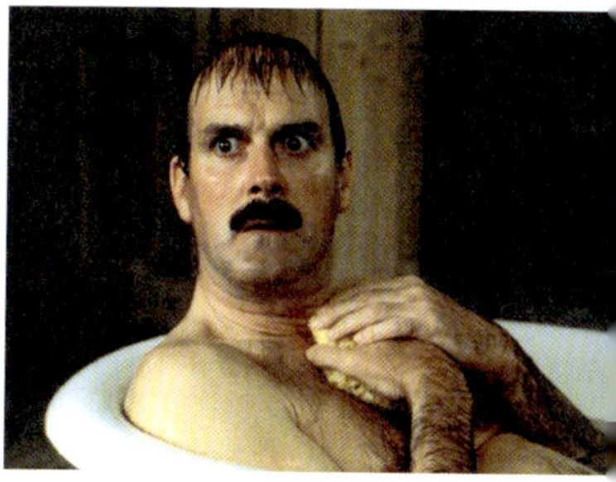

John Cleese wollte ABBA nicht killen.

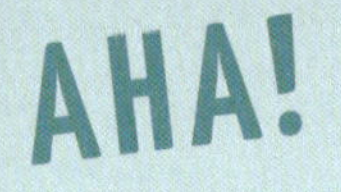

Das ABBAlphabet

ABBA von A bis Z. Ein sprichwörtlich-stichwörtlicher Streifzug durch den ABBA-Kosmos.

Abbacadabra: Das erste Musical mit ABBA-Songs entstand schon 1983. Es basierte auf einer französischen Fernsehsendung für Kinder von Alain und Daniel Boublil.

Bergkvist, Hans: „Berka" ist ein Mann der allerersten Stunde. Björn holte den damaligen Freund seiner Schwester Eva als Roadie zu den Hootenanny Singers und später in den Kosmos von „Polar Music". Berka, ehemaliger WG-Kumpel von Björn, war sich für keinen Job (Bodyguard, Chauffeur, Musiker) zu schade und stieg bis zum Produktionsleiter auf. Er schleppte das Equipment, als Björn mit Benny den ersten Song komponierte.

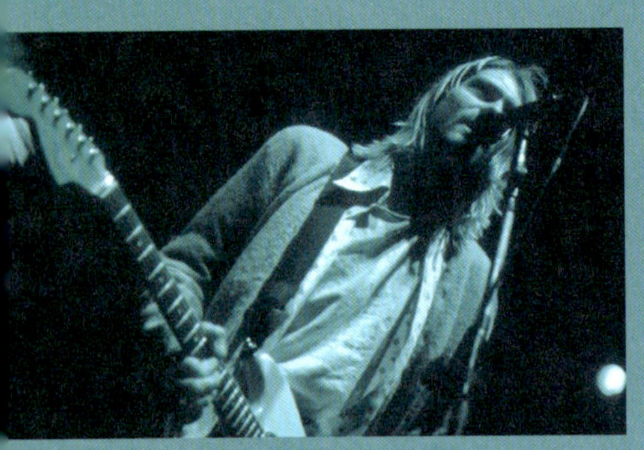

Grunge-Rock-Legende Kurt Cobain (Nirvana) war ABBA-Fan, sein liebster Song „Dancing Queen".

Cobain, Kurt: Der Nirvana-Frontman war bekennender Fan, hörte im Tourbus am liebsten ABBA-Songs und verschaffte der ABBA-Revival-Band Björn Again 1992 einen Auftritt beim kultigen Rockfestival im englischen Reading.

Djupa andetag: „Tiefe Atemzüge" ist der Titel von Anni-Frids letztem Soloalbum (1996). Enthalten ist der Titel „Alla mina bästa år" („Alle meine besten Jahre"), ein Duett mit Roxette-Sängerin Marie Fredriksson. Angeblich war das Duett mit Agnetha geplant, die aber abgelehnt haben soll.

Eljas, Anders: Benny und Björn lernten ihn in den 1970er Jahren kennen, als alle drei Mitglieder des Männerchors „The Men's Lip" waren, der sich zwei Mal monatlich traf – zum Singen und Trinken. Später spielte Anders Keyboard bei ABBAs Welttournee, arrangierte für das Musical „Chess" und war musikalischer Direktor von „Mamma Mia!"

Fernando: Die Single, die es nie auf einem regulären ABBA-Studioalbum gab, ist die erfolgreichste analoge ABBA-Single (ohne digitale Downloads).

Geburtstagsständchen: Zwei Mal, zum 30. Geburtstag von Görel Johnsen (1979) und zum 50. Geburtstag von Stig Anderson (1981), wurden zur Feier der Ehrentage Geburtstagsongs aufgenommen und sogar in limitierter Stückzahl als Maxi-Singles gepresst – heute begehrte Sammlerstücke.

Harpo: Der ABBA-Landsmann (eigentlich: Jan Svensson) hatte 1975 mit „Moviestar" einen Riesenhit. Anni-Frid sang bei den Aufnahmen Backing Vocals.

Indianer: Keine Auszeichnung gewannen ABBA so häufig wie den BRAVO-Otto, die Auszeichnung von Deutschlands größter Jugendzeitschrift. Von 1974 bis 1982 gewannen ABBA den Preis in Indianergestalt fünf Mal in Silber und vier Mal in Bronze, aber es reichte nie zu Gold.

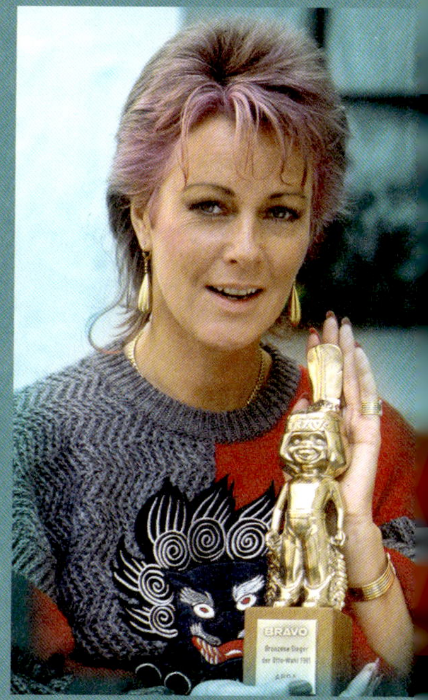

Anni-Frid mit dem bronzenen BRAVO-Otto 1981

Johnsen, Görel: Görel stieg von der einfachen Sekretärin bei Polar Music zu Stigs rechter Hand und späteren Vizepräsidentin auf. Görel, die 1980 den Fotografen Anders Hanser heiratete, ist mittlerweile ABBA-Managerin.

„**K**ristina från Duvemåla" ist der Titel des zweiten Musicals, das Benny und Björn (gemeinsam mit Anders Eljas) schufen (1995). Es erzählt die schwedische Nationalgeschichte und brachte Publikumserfolg und Kritikerehre.

„**L**icht und Schatten" heißt das Standardwerk über ABBA. Der schwedische Autor und Historiker Carl Magnus Palm hat auf über 650 Seiten „Die wahre Geschichte" (Bosworth Edition) über ABBA geschrieben (und acht weitere ABBA-Bücher). Dicker Schmöker, große Lektüre!

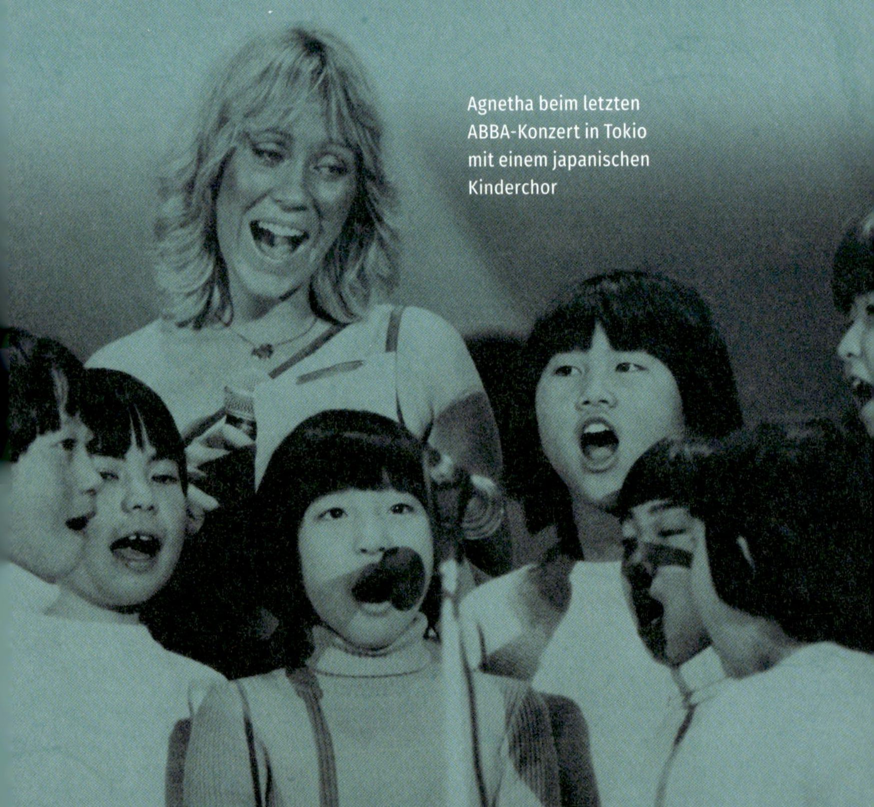

Agnetha beim letzten ABBA-Konzert in Tokio mit einem japanischen Kinderchor

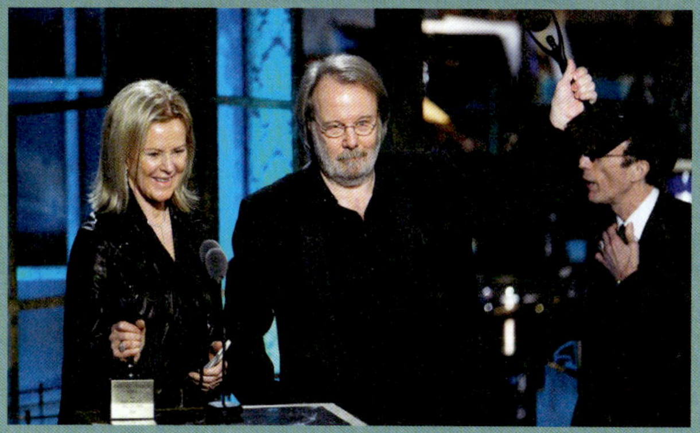

Anni-Frid und Benny beim Festakt zur Aufnahme von ABBA in die Rock and Roll Hall of Fame

Michael B. Tretow, Tontechniker und Produzent, gilt musikalisch als „fünfter ABBA". Ohne ihn hätte es den typischen ABBA-Sound nicht gegeben.

Norling, Bo: Tourmanager und Vertrauter von allen ABBA-Mitgliedern. Machte hierzulande Schlagzeilen, weil er sich mal schützend zwischen einen BILD-Reporter und seine ABBA-Schäfchen warf.

Opus 10: So lautete angeblich der Arbeitstitel für das ABBA-Album, das „The Visitors" hätte nachfolgen sollen und Gerüchten zufolge für 1983 geplant war.

Polar Music Prize: Stig Anderson stiftete diesen Musikpreis, der seit 1992 jährlich von der Königlich Schwedischen Musikakademie verliehen wird. Erster Preisträger war Paul McCartney.

Quatsch war das Gerücht, wonach Björn 1979 eine Affäre mit Boney M.-Sängerin Liz Mitchell gehabt haben soll.

Rock and Roll Hall of Fame: Als ABBA am 15. März 2010 in die berühmteste Liste des Musikgeschäfts aufgenommen wurden, waren Benny und Anni-Frid beim Festakt in New York vor Ort.

Sandström, Ove: ABBAs Kostümdesigner, dessen oft skurrile Outfit-Ideen ABBA den zweifelhaften Ruf als „Schaufensterpuppen des schlechten Geschmacks" einbrachten: Aber Dank dieser ausgefallenen Kostüme bestand keinerlei Zweifel, dass diese Roben nicht im Alltag getragen werden konnten – und deshalb waren sie von der Steuer absetzbar!

„**T**he Visitors": ABBAs achtes Album war die erste (am 17. August 1982 veröffentlichte) Audio-CD der Musikgeschichte.

Unfall: Wegen ihrer Flugangst ging Agnetha im Herbst 1983 im Bus auf Promotour für ihr Soloalbum „Wrap Your Arms Around Me". Auf der Rückreise aus London geriet der Bus von der Fahrbahn ab und überschlug sich mehrfach. Agnetha wurde aus dem Bus geschleudert, aber – wie alle anderen Insassen – wie durch ein Wunder nur leicht verletzt.

Madame Tussauds ABBA-Wachsfiguren kamen 2013 auch in die Berliner Dependance des Wachsfigurenkabinetts.

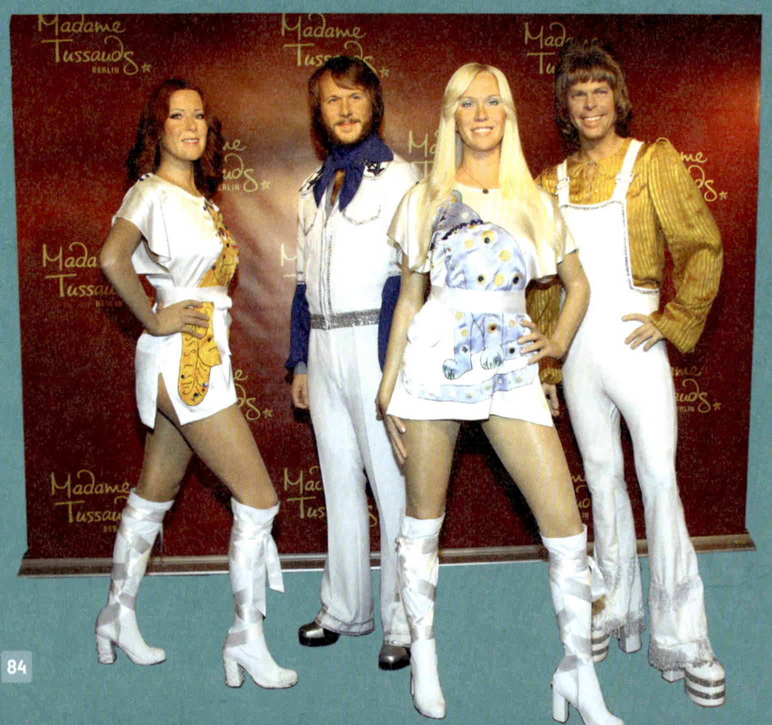

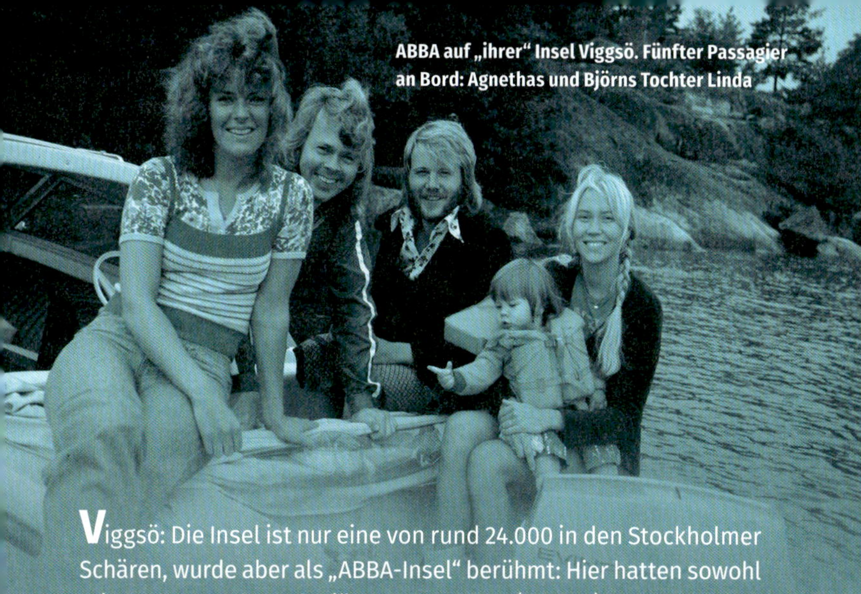
ABBA auf „ihrer“ Insel Viggsö. Fünfter Passagier an Bord: Agnethas und Björns Tochter Linda

Viggsö: Die Insel ist nur eine von rund 24.000 in den Stockholmer Schären, wurde aber als „ABBA-Insel“ berühmt: Hier hatten sowohl Stig Anderson als auch Björn und Agnetha (ab 1971) und Benny und Anni-Frid (ab 1974) Sommerhäuser. Im „Hit-Cottage“, einer kleinen Hütte neben dem Haupthaus von Björn und Agnetha, entstanden die meisten ABBA-Hits. 2011 verkaufte Björn als Letzter seine Grundstücke auf Viggsö.

Wachsfiguren: Seit September 2012 sind ABBA-Figuren Bestandteil von „Madame Tussauds Wachsfigurenkabinett“. Weitere künstliche Doppelgänger stehen im 2013 eröffneten ABBA-Museum in Stockholm.

Xtasy: Drogen spielten – durchaus untypisch für die „wilden 70er“ – nie eine Rolle im Leben der ABBA-Mitglieder. Mit Alkohol hatten sie viel Spaß und Benny auch Probleme, Agnetha und Anni-Frid rauchten lange. Darüber hinaus wurde nichts Illegales konsumiert.

Yoga entdeckte vor allem Agnetha in der Post-ABBA-Phase als Ausgleichssport für sich. Früher waren Workouts im Fitnessstudio, Tennis und vor allem Joggen die bevorzugten ABBA-Sportarten. Björn lief sogar Marathons.

Zwei Mal, 1983 und 2000, erschienen ABBA als Briefmarke in Schweden.

Jahre der Finsternis

Fans sprechen von den „Jahren der ABBA-Finsternis". Die setzte schleichend ein, war aber durchschlagend: Ende der 1980er Jahre waren alle ABBA-Mitglieder in Sachen Pop in der Bedeutungslosigkeit angelangt.

Ein Benny-und-Björn-Song zu schlecht? Für Phil Collins, Genesis-Sänger und Solostar („In The Air Tonight") schon – er lehnte für die Produktion von Anni-Frids Soloalbum zwei Titel dankend ab. Björn sah es 1982 selbstkritisch: „Wir waren nicht mehr auf der Höhe des musikalischen Zeitgeists."

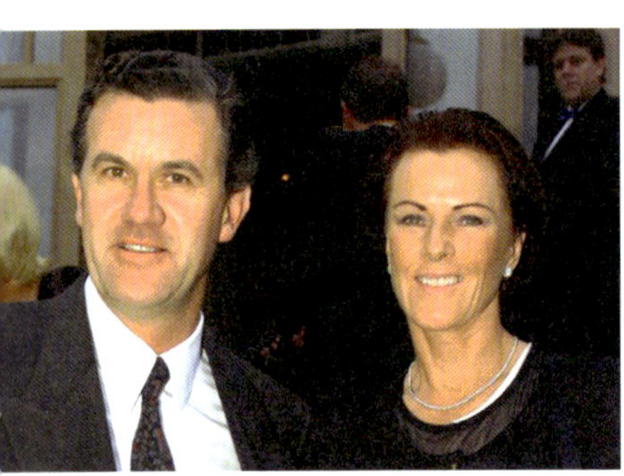

Anni-Frid mit Heinrich Ruzzo Prinz Reuß von Plauen. Er wurde 1992 Anni-Frids dritter Ehemann.

Während Benny und Björn alles in „Chess" investierten, zerfiel ABBA weiter vor den Augen der Fans. Anni-Frid zog schon im November 1982 nach London und siedelte 1986 – nach dem Flop ihres zweiten Soloalbums „Shine" (1984) und nachdem sie den Deutschen Heinrich Ruzzo Prinz Reuß von Plauen lieben gelernt hatte – in die Schweiz über. Sie zog sich vorerst komplett aus dem Musikbusiness zurück und bat die Fanclubs persönlich, ihre Arbeit einzustellen.

Agnethas Alben „Eyes Of A Woman" (1985) und „I Stand Alone" (1987) verkauften sich außerhalb Schwedens enttäuschend. Dabei hatte sie für ihr drittes Studioalbum sogar nochmals ein Flugzeug bestiegen und in Los Angeles produziert – das einzige Mal, dass sie außerhalb Schwedens im Studio arbeitete. 1989 zog sie auf einen Bauernhof auf der Insel Helgö und ward musikalisch viele Jahre weder gesehen noch gehört.

Sogar Benny und Björn drifteten auseinander. Zunächst räumlich: Björn zog mit seiner Familie 1984 in das kleine, aber feine englische Städtchen Henley-on-Thames, wo sie in der Nachbarschaft von Ex-Beatle George Harrison eine feudale Villa bezogen. 1986 kam hier Lenas und Björns zweite Tochter Anna zur Welt.

Musikalisch arbeiteten Björn und Benny als Komponisten und Produzenten noch einmal für das Pop-Duo Gemini zusammen. 1985 und 1987 erschienen Alben, die nicht einmal in Schweden die Top Ten knackten. Björn zog die Konsequenzen und sich als Pop-Produzent zurück. Vorerst für immer.

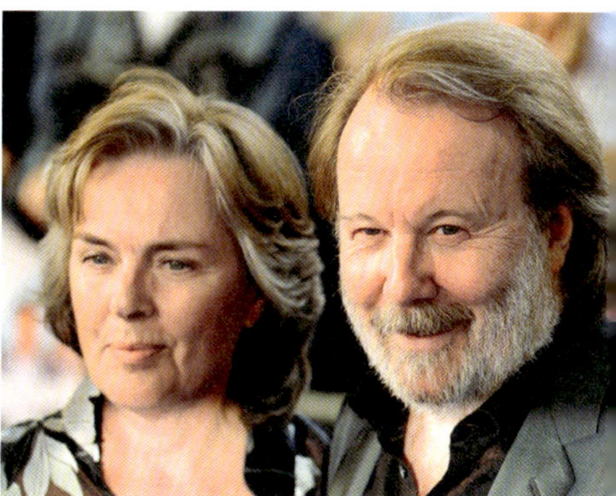

Benny mit seiner zweiten Frau Mona (im Jahr 2008)

Benny war privat glücklich mit Mona und dem gemeinsamen Sohn Ludvig und beruflich der Rührigste. Er gründete sein eigenes Plattenlabel „Mono Music“. Aber nicht für Popmusik. Mit seinem Soloalbum „Klinga mina klockor“ („Klingt, meine Glocken“, 1987) landete er einen Überraschungserfolg. Bezeichnenderweise handelte es sich um Aufnahmen schwedischer Volkslieder.

Einen Versuch gab es, das Interesse an ABBA wiederzuerwecken. Jahrelang hatten sich die Fans ein Livealbum gewünscht, 1986 gab die Plattenfirma nach. ABBA waren nicht involviert – und auch nicht begeistert. „Ich hasse solche Livealben“, sagte Björn sogar. Die Quittung folgte: „ABBA Live“ wurde ein Flop – der einzige in der offiziellen ABBA-Diskographie.

ABBA waren Ende der 1980er Jahre zwar nicht aufgelöst, aber am Ende.

Undank ist der Welten Lohn

„Wenn bei Geld die Freundschaft zerbricht", so sagte der deutsche Schriftsteller Stephan Sarek, „dann ist es keine." War die von Stig zu Benny und Björn am Ende doch nur eines: ein Irrtum?

Stig Anderson wollte leider nicht nur im Pop die erste Geige, sondern im Konzert der ganz großen Unternehmer spielen. Er stieg ins Immobilien- und sogar ins Ölgeschäft ein. Da war er überfordert und landete mit seinen Manövern diverse auch für seine Geschäftspartner ABBA mitunter millionenschwere Flops. Zudem verärgerte er ABBA durch eigenmächtig veröffentlichte Statements, so dass Björn im Sommer 1982 der Kragen platzte: „Stig Anderson und ABBA sind zwei verschiedene Dinge." Benny ergänzte: „Immer, wenn Stig ‚wir' sagte, meinte er vor allem ‚ich'." Stigs Fehleinschätzungen häuften sich, und seine Hoffnung, ABBA würden noch bestehen, war seine größte: Beginnend mit Anni-Frid 1982 nabelten sich alle ABBAs nacheinander finanziell von ihm ab und verkauften ihre Geschäftsanteile von „Polar Music". Zudem wurde der Vertrag über eine neue Tantiemen-Regelung verhandelt. ABBA wollten einen größeren Anteil am Geldkuchen, der durch ihre Songs gebacken wurde. Erst im April 1984 einigte man sich.

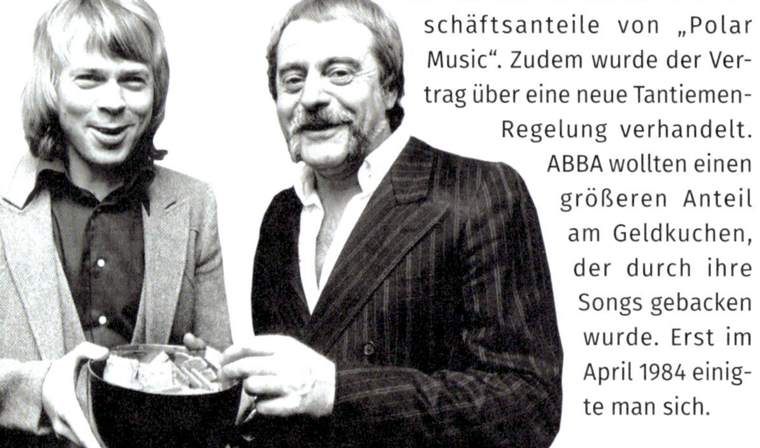

Stig Anderson 1977 mit Björn

Wie sehr es zwischen Björn und Benny sowie Stig knirschte, wurde bei der TV-Show „Här är ditt liv“ („Das ist ihr Leben“) klar, die Stig gewidmet war. ABBA trafen sich immerhin am 16. Januar 1986 und nahmen ein Grußvideo auf. Benny und Björn ließen sich sogar überreden, an der Livesendung teilzunehmen – und bereuten es später. Der Moderator überbetonte Stigs Bedeutung für ABBAs Erfolg, so dass Benny, sichtlich genervt, geraderückte: „Jeder machte sein Ding. Wenn Stig nicht gewesen wäre, wäre einiges anders gelaufen. Wenn es ABBA nicht gäbe, säße Stig heute nicht hier.“ Alle waren sauer.

Richtig unschön wurde es, als Stig Ende 1989 sein Polar-Imperium verkaufte. Weil ABBA weder interessiert noch für die 300 Millionen Kronen flüssig genug waren, gingen unter anderem alle Rechte an ABBA-Titeln an den Plattengiganten PolyGram. Im Zuge der Übergabe wurde festgestellt, dass Polar jahrelang zu wenig Tantiemen an ABBA ausgezahlt hatte. Benny und Björn fühlten sich betrogen und zogen im Juni 1990 für ABBA vor Gericht. Knackpunkt: Der Vertrag vom April 1984 war nie unterschrieben worden. Benny und Björn hatten sich auf die mündliche Vereinbarung verlassen. Stig fühlte sich im Recht, weil der Vertrag im Hinblick auf weitere ABBA-Platten abgeschlossen worden sei. Da diese ausgeblieben wären, würde auch die angedachte Tantiemenerhöhung ausfallen.

Im Juli 1991 wurde eine außergerichtliche Einigung getroffen. Angeblich musste Stig 13 Millionen Kronen an ABBA nachzahlen – die Hälfte der ursprünglich geforderten Summe. Für welche Seite auch immer es ein gutes oder schlechtes Geschäft war – über dem Prozess ging der letzte Rest von Freundschaft über die Wupper.

„Es gibt keine Dankbarkeit mehr“, klagte Stig im Jahr 1997. Zu dieser Zeit war er, auch bedingt durch seinen jahrelangen Alkoholismus, gesundheitlich am Ende und verbittert. Am 12. September 1997 erlitt Stig einen Herzinfarkt. Er starb, 66-jährig, ohne sich mit Benny oder Björn ausgesöhnt zu haben.

Und das ist gut so!

So düster die ABBA-Finsternis war, so schön bunt wurde die Auferstehung: Die Schwulenszene ebnete ABBA den Weg zum strahlenden Comeback.

„Grotesker Kostümaufwand, theatralische Musik – das feiern wir Schwulen ja gerne mal ab." Comedian Thomas Hermanns, riesiger ABBA-Fan („Ich war damals in einer heterosexuellen Phase und fand Agnetha geil!"), brachte es 1999 in Stefan Raabs „tv total" auf den Punkt.

Feiern, Spaß haben, Aufhübschen, zu toller Musik tanzen. Das, in Tateinheit mit dem Verschwimmen der Geschlechterrollen (Benny und Björn trugen oft die gleichen Outfits wie Agnetha und Anni-Frid) war es, was die Schwulenszene an ABBA cool fand. Im Frühjahr 1992 manifestierte das britische Duo Erasure mit seinem Nummer-eins-Hit „ABBA-esque" die Rückkehr von ABBA in das Musikbewusstsein der (auch heterosexuellen) Fans.

1994 wurde die Bedeutung ABBAs für die Schwulenszene in dem australischen Film „The Adventures Of Priscilla, Queen Of The Desert" thematisiert. Im selben Jahr zeigte „Muriels Wedding", ebenfalls aus Australien, dass ABBA nach wie vor für die ganze Familie passte.

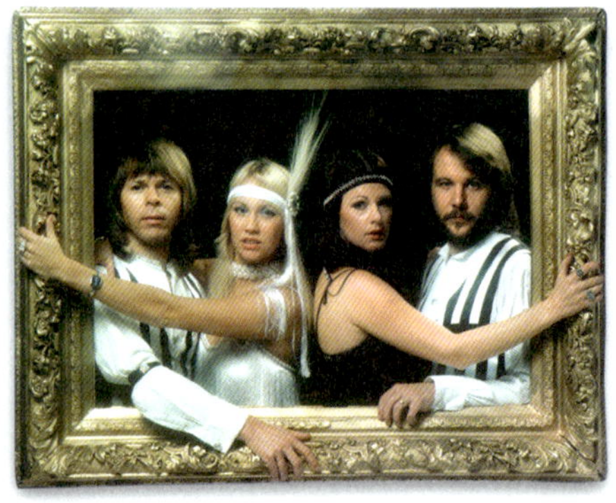

Schrille Kostüme, theatralische Musik? Die Schwulenszene verhalf ABBA zum glanzvollen Comeback.

Plötzlich outeten sich alle möglichen hochkarätigen Musikstars als ABBA-Fans. U2 holten im Juni 1992 beim Konzert in Stockholm Benny und Björn auf die Bühne und sangen gemeinsam „Dancing Queen".

Und das war gut so.

Goldiger Zufall

„ABBA Gold: Greatest Hits“ wurde zum erfolgreichsten Album der ABBA-Geschichte. Aber es war ein reiner Zufallstreffer – und ABBA selbst waren gar nicht beteiligt.

Die Plattenfirma PolyGram hatte viel Geld für den Backkatalog von ABBA bezahlt. Also sollten die Songs auch nicht im Archiv verstauben, sondern als neues Best-of-Album möglichst risikofrei genutzt werden. Die Veröffentlichung der Platte verzögerte sich wegen einiger Lizenzfragen. Was die Plattenleute erst nervte, wurde zum großen Glück: Als „Gold“ im September 1992 endlich veröffentlicht wurde, hatte das ABBA-Revival Fahrt aufgenommen: Davon befeuert, knallte das Album in Deutschland, England, Österreich, der Schweiz und Schweden sofort auf Platz eins. Innerhalb eines Jahres wurden fünf Millionen Einheiten verkauft.

Die PolyGram-Chefs rieben sich begeistert die Hände und ABBA verwundert die Augen. „Nachdem wir uns trennten“, sagte (man beachte die Wortwahl!) Björn, „glaubte ich, mit ABBA sei es endgültig vorbei. Aber das war dumm und naiv. Dass unsere Musik überlebt hat, ist für uns sehr schmeichelhaft.“

Der „goldene Siegeszug“ hielt fast zwei Jahrzehnte. In Deutschland rutschte „Gold“ über ein Dutzend Mal aus den Charts – und kehrte immer wieder zurück, war fast 360 Wochen in der Hitliste notiert. Mit über 2,5 Millionen verkauften Exemplaren ist es das viertmeistverkaufte Album in Deutschland – nur Herbert Grönemeyer („Mensch“, „4630 Bochum“) und Phil Collins („... But Seriously“) waren noch erfolgreicher.

In England wurde „Gold“ ABBAs neuntes Nummer-eins-Album in Serie (!) und zum zweitmeistverkauften Album der Musikgeschichte. Es wurde 5,7 Millionen Mal verkauft und nur von „Greatest Hits“ von Queen (6,6 Mio.) getoppt.

Insgesamt hat „Gold“ bislang über 30 Millionen Einheiten verkauft und zählt zu den 25 erfolgreichsten Alben der Musikgeschichte.

Nicht schlecht für eine Notlösung.

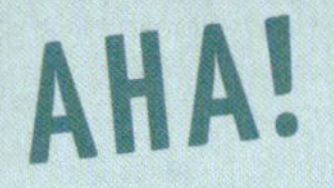

Come on, Baby, Cover Me

Von der Kritik oft geschmäht oder belächelt – von Musikern höchstgeschätzt. Unzählige Künstler verneigten sich mit ABBA-Coverversionen vor ihren Idolen.

Einen ABBA-Song darf prinzipiell jeder neu aufnehmen. Musikethisch wird das Covern (im Sinne von „Kopieren") erstens zumeist als Huldigung des Originalkünstlers verstanden und zweitens als Lehrmethode für Nachwuchskünstler: Das Erlernen und Verstehen fremder Musikstücke ist elementar für die musikalische Ausbildung und Entwicklung. Erinnern wir uns: Auch die Bands von Benny (The Hep Stars) und Björn (The Hootenanny Singers) haben als Coverbands begonnen.

ABBA zählten zu den weltweit am meisten gecoverten Bands. Was nicht verwundert angesichts der Tatsache, dass alleine „Dancing Queen" über 100 und „The Winner Takes It All" über 200 Mal gecovert wurden. Ein Blick auf die Spitze des Cover-Eisberges.

Keine halben Sachen! Superstar Cher kam bei den Dreharbeiten zu „Mamma Mia! Here We Go Again" (in der die drei Jahre ältere Cher die Mutter von Meryl Streep spielte) so richtig auf den Geschmack und nahm ein ganzes Album mit ABBA-Coverversionen auf. Björn lobte, viele Fans tobten.

Darf's etwas mehr sein? 2004 wurde „ABBA Forever" veröffentlicht. Das Doppelalbum vereint 32 Coverversionen, die vor allem zeigen, in welchen (nämlich allen!) Genre-Kreisen ABBA Fans fanden: Von Funkjazz (Nils Lundgren) über Rock (The Leather Nun), Boyband-Pop (Westlife) bis Schlager (Max Raabe) und Klassik (Ten Tenors).

Mireille Mathieu, der „Spatz von Avignon", nahm 1981 „Bravo, tu as gagné" auf, die französische Version von „The Winner Takes It All". Sie tat es in Stockholm – und Anni-Frid, Benny und Björn sangen die Backingvocals. Bei Fans ist die Version umstritten, weil die Beteiligung von „BBA" von vielen als unsensibler Affront gegen Agnetha gewertet wurde. Die war gegen das Projekt.

Lena Andersson war Anfang der 1970er Jahre eine aufstrebende schwedische Sängerin, die Stig Anderson für „Polar Music" als 15-Jährige unter Vertrag nahm. Benny und Björn komponierten und produzierten für sie. Stig hatte 1975 die Idee, Lena ABBA-Cover singen zu lassen – auf Deutsch. Die eingedeutschten Schwedenhappen („SOS", „Fernando") blieben aber recht erfolglos.

Weitere empfehlenswerte Huldigungen an ABBA zum Entdecken:

Camera Obscura: einzigartige melancholische Interpretation von „Super Trouper" durch die schottische Indie-Band (1997).

Portishead: Die eindringlich düstere Version von „SOS" der britischen Trip-Hop-Pioniere wurde im britischen Science-Fiction-Film „High-Rise" (2016) eingesetzt.

Anna Sofie von Otter: Die schwedische Mezzosopranistin glänzte 2000 – unter der Produktion von ABBA-Bewunderer Elvis Costello – mit einer zu Herzen gehenden Version von „Like An Angel Passing Through My Room".

MGT & Ville Vallo: „Knowing Me, Knowing You" (2016) durch Mark Gemini Thwaite und HIM-Sänger Ville Vallo in einer düsteren Rock-Version.

The Czars: Ein Juwel! John Grant, Sänger der leider 2004 aufgelösten US-Indie-Band, verleiht „Angel Eyes" eine gänsehauterzeugende eigene Melancholie.

ABBA goes to Bollywood! Auf der EP „ABBA Hits In Hindi" (1979) ist auch die einzigartige, von Shrikant Pargaonkar gesungene Hindi-Version von „Hasta Mañana".

Finger weg!

Beim Sampling ihrer Sounds verstehen Benny und Björn keinen Spaß. Das bekamen einige zu spüren. Unter anderem auch Stig …

Eine Bedeutung des englischen Verbs „to sample" ist „eine Stichprobe nehmen". Das trifft es ganz gut: Ein Künstler entnimmt aus einem fremden Musikwerk einen kleinen Teil und nutzt ihn für einen komplett neuen, eigenen Song. Diese „Leihe" ist genehmigungspflichtig: Der Rechteinhaber, also der Komponist, muss seine Erlaubnis erteilen.

Darüber stolperten die britischen Techno-Freigeister The JAMs (The Justified Ancients Of Mu Mu). Für ihr Album „1987 – What the Fuck Is Going on?" bedienten sie sich für „The Queen And I" ausgiebig bei „Dancing Queen". Das war für The JAMs nichts Neues, sie hatten schon für „All You Need Is Love" bei den Beatles und Samantha Fox (!) gewildert. Nur: ABBA waren not amused und verklagten die Soundrasselbande.

Der Fall, der als „The ABBA Incident" in die Fan-Annalen einging, führte nicht vor Gericht: The JAMs nahmen ihre LP vom Markt. Es hieß, alle LPs hätten vernichtet werden müssen. Für diese Legende sind die Musiker Bill Drummond und Jimmy Cauty mitverantwortlich, denn sie fuhren mit ein paar Kisten ihrer Platten nach Schweden – angeblich, um Benny und Björn von ihren ehrlichen Absichten zu überzeugen. Es gab nie ein Treffen. Deshalb verbrannten Drummond und Cauty ihre Platten auf offenem schwedischen Feld und wurden daraufhin von einem erbosten Bauern mit der Schrotflinte verjagt.

Weiter, nämlich bis in die Charts, kamen 1989 die österreichischen Techno-Tüftler von Edelweiß.

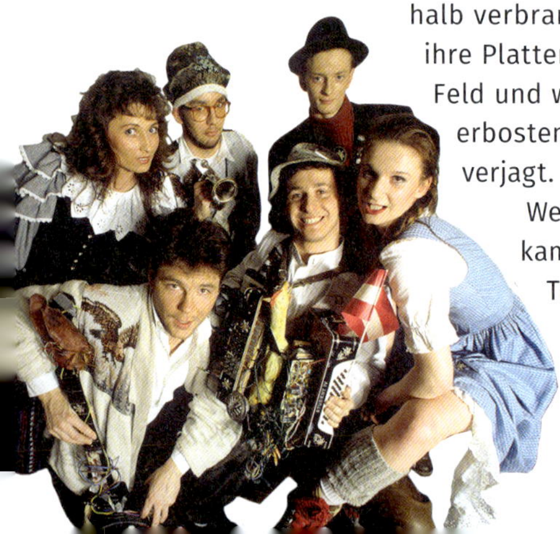

Dank ABBA in die Charts:
die österreichische Gruppe Edelweiß

Als Björn zufällig im Autoradio deren Hit „Bring Me Edelweiß" hörte, wäre er beinahe in den Straßengraben gefahren: Weder er noch Benny hatten die Erlaubnis für ein Sampling von „SOS" erteilt. Des Rätsels Lösung: Stig Anderson, bei „SOS" als Texter beteiligt, hatte ohne Rücksprache mit den Österreichern gedealt. So verklagten Benny und Björn nicht Edelweiß, sondern ihren eigenen Manager. Stig musste 300.000 Kronen Schadenersatz zahlen.

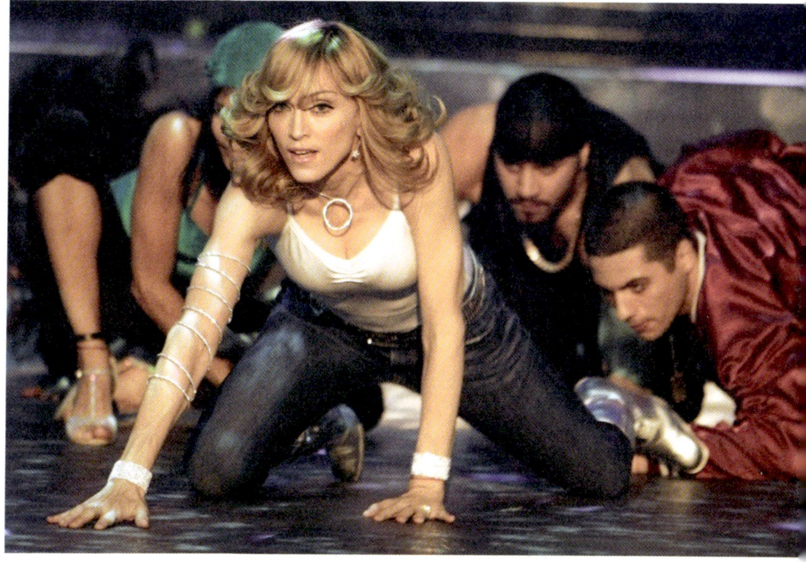

ABBA-Fan Madonna performt ihren Hit „Hung Up" 2005 bei „Wetten, dass..?".

Tatsächlich gaben Björn und Benny bislang nur zwei Künstlern grünes Licht für ein Sampling. The Fugees durften 1996 für ihren Song „Rumble In The Jungle" ein bisschen (um genau zu sein: die Bassline) von „The Name Of The Game" nutzen. 2005 erhielt Madonna, selbsterklärter ABBA-Fan, das Plazet, für ihr „Hung Up" das Hauptthema aus „Gimme! Gimme! Gimme!" zu verwenden. Die schwedischen Könige des Pop und die amerikanische „Queen Of Pop" – Adel hält zusammen.

Der zufällige Welterfolg

Ein ABBA-Musical? Bäh! Björn war anfangs gar nicht begeistert von der Idee. Benny eigentlich nie. Und Anni-Frid lief beinahe Amok.

Wow, geile Sache: Wir machen ein Musical mit ABBA-Songs! Mit dieser Idee ging Judy Craymer lange schwanger. Nämlich, seit sie das erste Musical „Abbacadabra" (1983) gesehen hatte, das einerseits auf einer französischen Kinder-Fernsehsendung und andererseits auf ABBA-Songs beruhte.

Craymer, Jahrgang 1957, war Theaterfachfrau durch und durch: Sie hatte für „Cats" als Stage Manager gearbeitet und für Björn, Benny und Tim Rice bei deren Musical „Chess" als ausführende Produzentin. Als „Chess" (1986) abgewickelt war, trug sie ihre Idee von einem ABBA-Musical erstmals Benny und Björn vor – und bekam eine Abfuhr. Wie auch jedes Mal, wenn sie in den folgenden Jahren versuchte, bei Benny und Björn mit ihrer Vision zu landen.

„‚Mamma Mia!' ist ein Musical, von dem wir gar nicht wussten, dass wir es geschrieben hatten", sagte Björn einmal. Stimmt, denn eigentlich hatte von ABBA niemand etwas mit „Mamma Mia!" am Hut. Björn fand vor allem die Aussicht fürchterlich, das Ganze könnte zu einer seicht-klebrigen Nostalgie-Revue werden. Die Vorstellung, ABBA-Songs könnten völlig entfremdet interpretiert werden, bereitete ihm Unbehagen.

Unbehagen? Aus Bennys Sicht stark untertrieben. Er war desinteressiert. Ihm war schon das ganze ABBA-Revival suspekt („Haben die Leute denn keinen eigenen Ideen?"). Er wollte keine „ollen Kamellen" aufwärmen, sondern Neues erschaffen. Und das tat er: Er landete als Komponist der Single „Lassie" mit dem Quartett Ainbusk den Weihnachtshit 1990. Danach arbeitete er vor allem für sein Musicalgroßprojekt „Kristina från Duvemåla".

Frida heiratete im Sommer 1992 ihren Ruzzo und war somit eine echte Prinzessin geworden. Musikalisch war sie sporadisch aktiv, etwa beim Plattenprojekt der „Artista för miljö" (Künstler für die Umwelt). Sie trat auch bei den Feierlichkeiten zum 50. Geburtstag von Königin Silvia auf und sang „Dancing Queen" für ihre royale Freundin. Agnetha hatte sich auf ihr Gehöft auf der Insel Ekerö zurückgezogen und widmete sich der Astrologie, dem Reiten und Yoga. Und – mindestens von 1990 bis 1993 – Tomas Sonnenfeldt. Dann ging die Ehe mit dem schwedischen Arzt in die Brüche; sie trennten sich ohne böses Blut.

Alles in allem keine guten Zeiten für Judy und ihre Musical-Idee. Dann aber spielte ihr ein Zufall in die Karten: Björn sah 1993 mit seiner Familie das Musical „Grease" in London. Der Spürhund nahm Witterung auf: Warum läuft hier keine Show von uns? Was die anderen können, können wir doch auch! Björn rang dem noch immer reservierten Benny wenigstens ein „Na gut, macht mal" ab und ließ Judy Schreiber anheuern. Am Ende setzte sich Catherine Johnson mit ihrer flotten „Mutter-Tochter-Story" durch.

Als die Medien Wind von „Mamma Mia!" bekamen (als Titel war anfangs auch „Summer Night City" im Gespräch), erwarteten alle ein Musical über die Geschichte von ABBA. Anni-Frid las einen solchen Bericht und ging auf Björn los. Wie er es wagen könne, das „ABBA-Drama" auf die Bühne zu bringen! Erst, als Björn ihr versicherte, dass das Gegenteil der Fall sein und die Story nichts mit dem Leben von ABBA zu tun haben würde, gaben Anni-Frid und Agnetha ihren Segen.

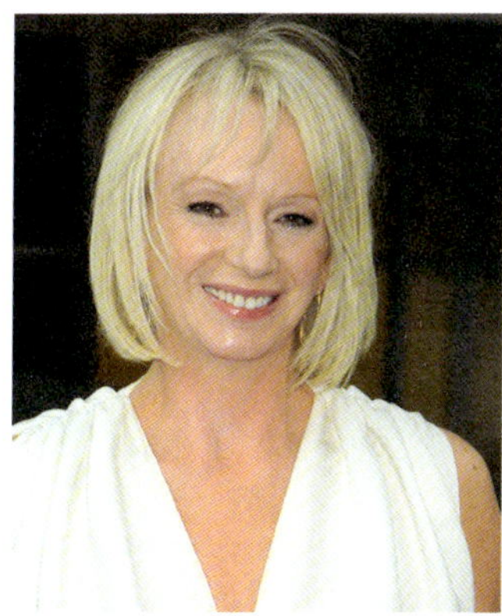

Hatte die Idee zu „Mamma Mia":
Judy Craymer

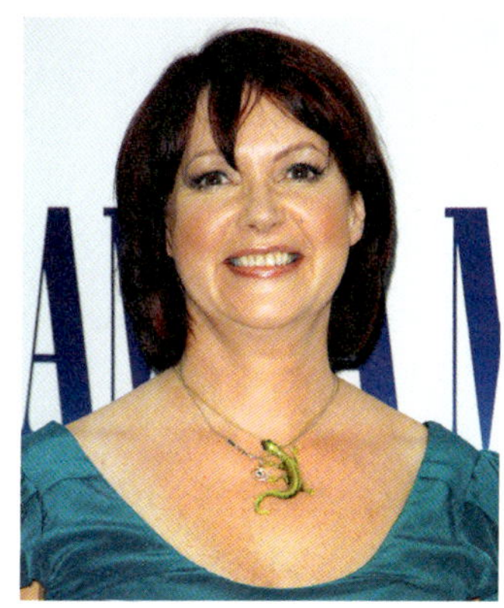

Schrieb die witzige Story:
Catherine Johnson

Alles nur geklaut?

Als „Mamma Mia!", das Musical, am 6. April 1999 seine Uraufführung im Londoner West End erlebte, war es der Beginn eines gigantischen, weltweiten Siegeszuges. Aber: War das alles nur geklaut?

Eine lebenslustige junge Frau wird schwanger, weiß aber nicht genau, von wem. Drei Männer kommen in Frage. 20 Jahre später kehren die „potenziellen Täter" an den Tatort zurück. Keiner weiß von den beiden möglichen „Nebenvätern" – und die Mutter gerät in Erklärungsnot.

Kommt bekannt vor? Ist aber nicht die Handlung von „Mamma Mia!", sondern der Plot von „Buona sera, Mrs. Campbell"! Diese US-Komödie aus dem Jahre 1968 zählt zu den weniger bekannten Filmen von Italo-Superstar Gina Lollobrigida. Das gilt auch für das Musical „Carmelina", das 1979 auf Grundlage des Films geschaffen und am Broadway nach nur 17 Vorstellungen abgesetzt wurde. Ein Flop.

Als „Mamma Mia!" erschien, erinnerten sich dann doch einige Kritiker und Experten an den verstaubten „Lollo"-Film. Der Verdacht: Hat Catherine Johnson, die die „Mamma Mia!"-Story ersann, sich da ausgiebig inspirieren lassen oder gar einfach dreist abgekupfert? Der US-Kritiker John Ivan Simon ging sogar so weit, dass er mutmaßte, die Story von „Mamma Mia" sei extra nach Griechenland „verlegt" worden, um die Ähnlichkeit mit dem Original (das im besetzten Italien des Zweiten Weltkriegs spielt) nicht allzu frappierend ausfallen zu lassen.

Wie dem auch sei: Catherine Johnson hat jedwede „Inspiration" durch „Mrs. Campbell", „Carmelina" oder andere Fremdwerke von sich gewiesen.

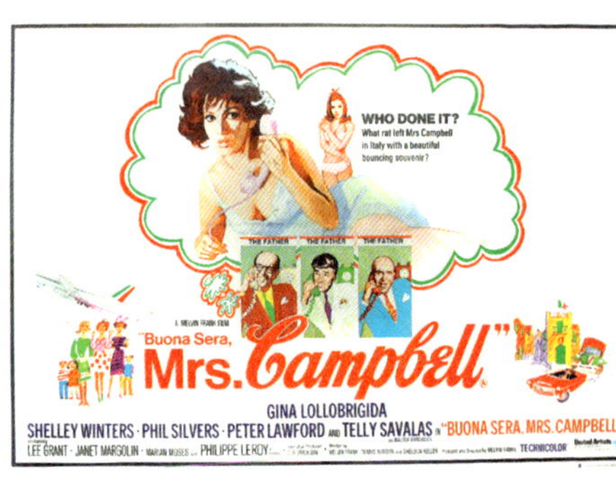

Vorlage für „Mamma Mia!"? Gina Lollobrigidas „Buona sera, Mrs. Campbell"

Schattenseiten

„When the morning cries and you don't know why" sangen die Bee Gees in ihrem Hit „Tragedy" aus dem Jahr 1979. In den 1990ern hätte es die Trauermusik für Anni-Frid und Agnetha sein können.

Anni-Frids Leben war von Beginn an nicht einfach, aber ab 1998 wurde sie richtig vom Schicksal gebeutelt. Erst starb ihre Tochter Ann Lise-Lotte am 13. Januar 1998 bei einem Autounfall im US-Bundesstaat New York. Dann verlor ihr Mann Ruzzo im Oktober 1999 seinen Kampf gegen den Lymphdrüsenkrebs. Anni-Frid fand jedoch ein neues Glück mit dem ebenfalls Adeligen Henry Smith, mit dem sie in der Schweiz lebt.

Agnetha, der einstige unbekümmerte Teeniestar, schien sich zur ewig vom Pech Verfolgten zu entwickeln. Sie hatte es mit ihren Ängsten (Flugangst, Höhenangst) schon nicht leicht. Ihre Depressionen verschlimmerten sich, als ihre Mutter Birgit im Januar 1994 tragisch verstarb. Sie stürzte (oder sprang?) vom Balkon ihres Apartments in Jönköping. Zwei Jahre später starb ihr Vater Knut nach langer Krankheit. Auch in der Liebe lief es nicht rund: Agnetha verzettelte sich 1997 in einer Affäre mit dem Gabelstaplerfahrer Gert van der Graaf. Der Holländer ließ auch nach dem Aus der Beziehung nicht locker und wurde als verurteilter Stalker zwei Mal des Landes verwiesen.

Im Vergleich dazu blieben Benny und Björn die von der Sonne Verwöhnten. Benny entledigte sich sogar seines wenig bekannten Problems: Er trank, und zwar die „meiste Zeit meines Erwachsenenlebens". Das ist seit 2001 vorbei. Benny wurde zum „Teetotaler" und praktiziert die vollständige Abstinenz von alkoholischen Getränken.

Auch Björn feierte gerne und ausgelassen und frönte dem Alkohol, aber wohl nicht ganz so dramatisch wie Benny. Sein größter bekannter Stress war der Vorwurf, er habe Steuern hinterzogen, und zwar im großen Stil: Das Finanzamt forderte Nachzahlungen in Höhe von 9,5 Millionen Euro. Das Verfahren wurde 2008 eingestellt.

Kein Jubiläumsgeschenk!

„Mamma Mia!“ hatte seine Weltpremiere am 25. Jahrestag des „Waterloo“-ESC-Triumphs. Und trotzdem nichts damit zu tun.

Anfangs war „Waterloo“ gar nicht als Bestandteil von „Mamma Mia!“ vorgesehen! Erst in der heißen Phase vor der inoffiziellen Premiere am 23. März 1999 verständigten sich Regisseurin Phyllida Lloyd sowie Benny und Björn darauf, dass es als dritte und letzte Zugabe gespielt werden sollte – so die Zuschauer nach einer solchen verlangen würden.

Ein Indiz dafür, dass der Termin für die Weltpremiere von „Mamma Mia!“ am 25. „Waterloo“-Jubiläum tatsächlich nicht geplant war. Laut Björn war es zufällig ein Tag, an dem die vielbeschäftigte Regisseurin Lloyd „noch einen Termin frei“ hatte.

Egal – es funktionierte: Das Prince Edward Theatre im Londoner Theaterviertel West End erbebte förmlich, so sehr genossen die 1600 Premierengäste (unter ihnen Benny und Björn) die Show – und machten sie zu ihrer Party. Es wurde gelacht, geweint, jeder Song mitgesungen. „Die Leute tanzten in den Gängen – so was hat London lange nicht erlebt“, hieß es in einer Kritik.

Und am lautesten grölten alle – Normalos, Kritiker und die Hautevolee der Reichen und/oder Berühmten – bei „Waterloo“. Denn die dritte Zugabe war nötig. „Mamma Mia!“ eroberte London schon bei der Premiere im Sturm.

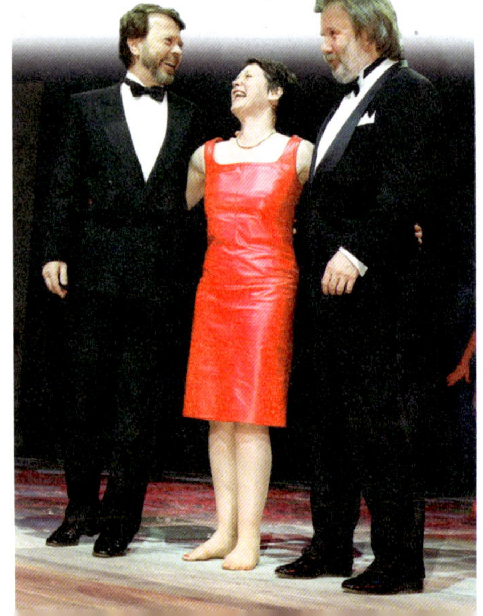

Benny und Björn mit Autorin Catherine Johnson nach der gelungenen Premiere von „Mamma Mia!“ am 6. April 1999

Rekordverdächtig

Der Ausruf „Mamma mia!“ (wörtlich: meine Mutter) steht für „Meine Güte!“ oder – Neudeutscher – „Ach, du meine Fresse.“ Und fürwahr: Das Musical „Mamma Mia!“ geriet außergewöhnlich.

Ist „Mamma Mia!“ das erfolgreichste Musical der Welt? Auf jeden Fall hat es einen Rekord aufgestellt: Es ist das Musical, das schneller als jedes andere in mehreren Städten der Welt zur Aufführung kam. In über 440 Städten auf sechs Kontinenten verzauberten die ABBA-Songs auf der Theaterbühne die Fans. Das Musical war sogar auf Kreuzfahrtschiffen der norwegischen Royal Caribbean Cruise Line zu sehen.

Nach 5773 Aufführungen lief „Mamma Mia!“ am New Yorker Broadway (Premiere: 18. Oktober 2001, letzter Vorhang: 12. September 2015) aus – nur sieben Musicals schafften eine längere Laufzeit. Das Musical wurde in 16 Sprachen übersetzt. Die erste fremdsprachige Premiere (nach dem englischen Original) fand am 3. November 2002 im Operettenhaus Hamburg statt. Michael Kunze schrieb die Texte.

Seit 2000 läuft zudem die „Mamma Mia!“-Musical-Tour, bei der mehrere verschiedene Produktionen quer durch alle Welt reisen und in bislang rund 350 Städten gastierten. Insgesamt sollen 65 Millionen Menschen das Musical bisher gesehen (alleine fünf Millionen davon in Deutschland) und über vier Milliarden Dollar in die Kassen der Theater gespült haben.

Da wollten auch andere auf den Erfolgszug aufspringen. 2002 organisierte eine Theaterdirektion aus Kiel eine eigene Bühnenshow („Mamma Mia – Come together“) – mit ähnlicher Story und ABBA- und Beatles-Songs, aber ohne das Okay der „Mamma Mia!“-Rechteinhaber. Das Ganze endete vor Gericht und damit, dass die Kieler Plagiatsshow nur noch „Mamma – Come together“ heißen durfte. Sie lief bis Ende 2004 und war bei den Fans beliebt. Tenor: Da kriegt man wenigstens Tickets – und die Songs sind und bleiben einfach gut!

Oscar? Nein danke!

So reserviert Björn einst gegenüber der Musical-Idee war, so filmbegeistert war er: Schon 2005 verkündete er strahlend, dass es eine Verfilmung geben würde. Und was für eine!

Meryl Streep war bekennender „Mamma Mia!"-Fan. Sie hatte das Musical im Oktober 2001 mit ihrer Tochter am Broadway gesehen. Sie war begeistert. Vor allem, weil die Show die vom Attentat auf das World Trade Center traumatisierten New Yorker für ein paar Stunden das Leid vergessen ließ – wie sie den Produzenten in einer persönlichen Dankesnote mitteilte.

Streep als Star in der Hauptrolle der Mama Donna war also beinahe gesetzt – auch, weil ihr guter Kumpel Tom Hanks mit seiner Firma die Filmrechte erwarb. Trotzdem: Auch Michelle Pfeiffer war kurz im Hauptrollen-Rennen.

Wie Meryl Streep (die als Kind Unterricht in Operngesang nahm und in mehreren ihrer Filme sang) sangen alle Darsteller ihre Tracks selbst. Für Streeps Solonummer „The Winner Takes It All" flog sie nach Stockholm und nahm das Lied mit Benny im Studio in einem Take auf. „Sie ist ein Wunder", wird Benny zitiert.

Nicht alle Gesangsleistungen kamen bei der Kritik gut an. Pierce Brosnan wurde als „Wasserbüffel", „schreiender Esel" oder „verwundeter Waschbär" bezeichnet. Das wundert nicht: Brosnan hatte die Rolle sofort angenommen – weil er unbedingt mit Meryl Streep drehen wollte. Auf was er sich eingelassen hatte, merkte er erst, als er sich das Musical anschaute ...

Julie Walters (wer hat sie erkannt, die Molly Weasley aus den „Harry Potter"-Filmen?) verletzte sich bei einer Tanzszene zu „Dancing Queen" am Fuß – zog aber eisenhart durch.

Oscar? Nein danke! Die Produktionsfirma fragte bei ABBA an, ob sie nicht einen neuen Song für den Film schreiben und aufnehmen könnten – auf dass dieser in die Auswahl als „Bester Song aus einem Soundtrack" für die Oscar-Wahl gelangen könnte (bei der nur noch nie zuvor veröffentlichte Beiträge zugelassen sind). ABBA sagten ab.

Warum nicht Tom Hanks? Der, das hat er bewiesen, kann auch singen. Einen Auftritt machten die Dreharbeiten zu „Der große Buck Howard" zunichte. Schlechte Entscheidung: Der Film floppte, kam in Deutschland nicht einmal in die Kinos.

Dafür hat Tom Hanks' Frau Rita Wilson – wie auch Benny und Björn – einen Kurzauftritt. Sie verstärkt mit Björn den Chor der griechischen Gottheiten, Benny spielt – natürlich – Klavier.

„Mamma Mia!" kostete 52 Millionen Dollar und spielte weltweit über 610 Millionen Dollar ein – ein sensationeller Erfolg. Der Film wurde zum bestverkauften Realfilm-Musical aller Zeiten, bis er 2017 von „Die Schöne und das Biest" abgelöst wurde.

In der Fortsetzung „Mamma Mia! Here We Go Again" (2018) spielte Cher Sophies Oma (und Donnas Mutter). Cher war schon für Teil eins im Gespräch. „Unverschiebbare Tourneeverpflichtungen" sollen ihre Besetzung als Donnas Freundin Tanya (letztlich gespielt von Christine Baranski) verhindert haben.

Auch „Mamma Mia! Here We Go Again" war mit einem Einspielergebnis von fast 400 Millionen Dollar ein globaler Erfolg. Insgesamt spülten die beiden „Mamma Mia!"-Filme weltweit über eine Milliarde Dollar in die Kinokassen, einzigartig für Musical-Verfilmungen.

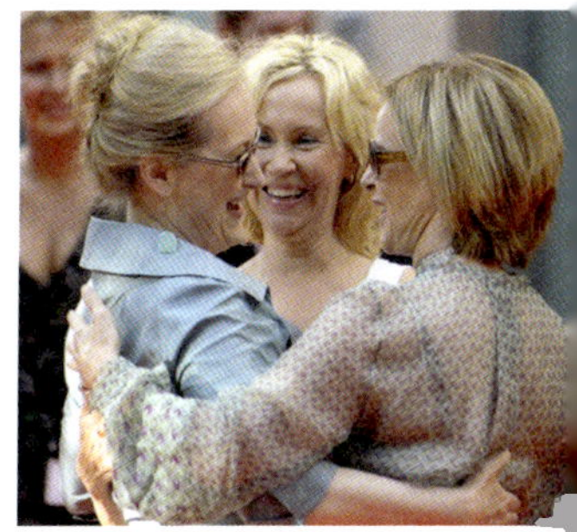

Herzlich: Anni-Frid (r.) und Agnetha (M.) beim Gruppenknuddeln mit Hauptdarstellerin Meryl Streep (l.) bei der „Mamma Mia!"-Premiere am 4. Juli 2008 in Stockholm

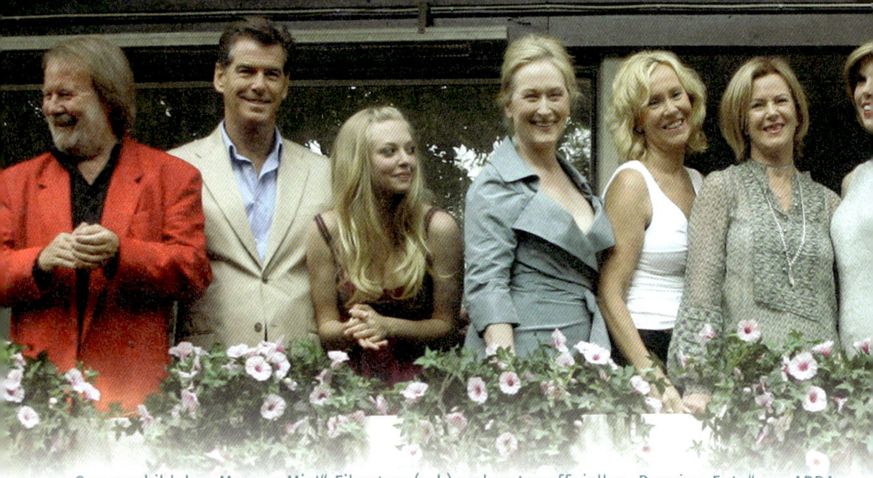

Gruppenbild der „Mamma Mia!"-Filmstars (v. l.) und erstes offizielles „Reunion-Foto" von ABBA: Benny Andersson, Pierce Brosnan, Amanda Seyfried, Meryl Streep, Agnetha Fältskog, Anni-Frid Lyngstad-Reuss, Christine Baranski

Auf dem Balkon vereint

Es dauerte einst Jahre, bis sich A, B, B und A zu ABBA zusammentaten – und noch viel länger, bis sie wieder gemeinsam in der Öffentlichkeit auftauchten.

Immerhin: Am 12. Februar 2005 hielten sich Agnetha, Anni-Frid, Benny und Björn zumindest in ein- und demselben Raum auf – erstmals seit Januar 1986. Sie verfolgten gemeinsam die Premiere der schwedischen Version von „Mamma Mia!". Aber „gemeinsam" trifft es nicht: Anni-Frid und Agnetha saßen weit auseinander am linken und rechten Rand der Galerie, nur Benny und Björn nebeneinander im Parterre. Und natürlich gab es auch kein Gruppenfoto, über das Fans „Endlich Wiedervereinigung!" hätten jubeln können.

Das konnte erst dreieinhalb Jahre später geschehen: Zur schwedischen Premiere des Kinofilms „Mamma Mia!" fanden sich am 4. Juli 2008 alle vier ABBA-Mitglieder ein – und präsentierten sich im Kreise der Hauptdarsteller auf dem Balkon des Boutique-Hotels Rival im Herzen Stockholms den ekstatisch kreischenden

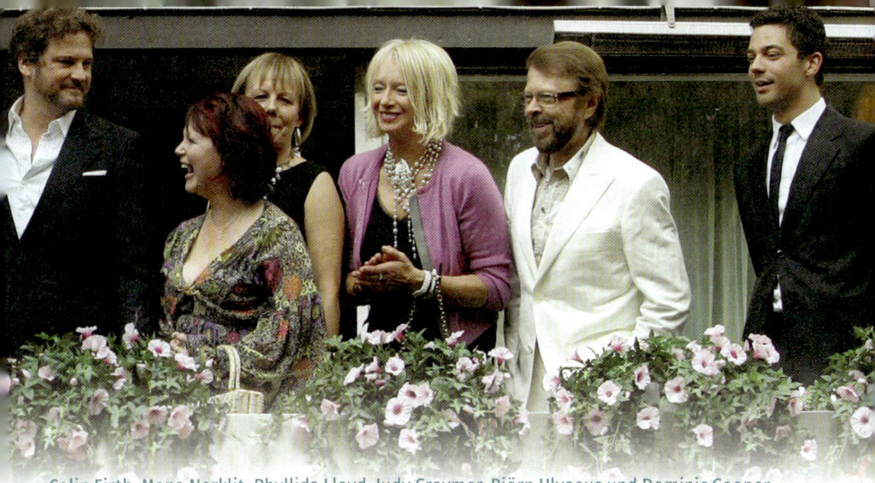
Colin Firth, Mona Norklit, Phyllida Lloyd, Judy Craymer, Björn Ulvaeus und Dominic Cooper

Fans. Benny fühlte sich hier doppelt zu Hause: Das Hotel (mit Kino, Bistros, Cafés) gehört ihm. Er hatte den 1937 erbauten Komplex 2002 erworben, komplett umbauen lassen und am 1. September 2003 wiedereröffnet – weil das alte Rival-Kino sein Lieblingskino war, das er früher oft mit Anni-Frid und auch Björn und Agnetha besuchte. Ein würdiger Rahmen für das erste „Gruppenfoto" nach 22 Jahren.

Auch wenn die Vier auf dem Balkon nicht direkt nebeneinanderstanden – ein Anfang war gemacht. Zum ersten Mal wirklich zu viert (und sonst niemand) präsentierten sich ABBA erst weitere acht Jahre später: Am späten Abend des 20. Januar 2016 wären den Premierengästen der Event-Show „Mamma Mia! The Party" – lecker Essen und danach zu ABBA-Songs zur Verdauung das Tanzbein schwingen – beinahe die Köttbullar von der Gabel gehüpft. Plötzlich standen sie da auf der Bühne in Stockholm, und zwar nebeneinander, und jubelten und ließen sich umjubeln: Björn, Anni-Frid, Agnetha und Benny. Etliche glückliche Fans dürften sich nach dem unerwarteten Händeschütteln mit den Vier seither nie mehr die Pranken gewaschen haben.

Was lange währte, war endlich gut.

Und es war erst der Anfang der nächsten Revival-Phase.

AHA!

Der Killer summt „Fernando“

ABBA-Songs wurden auch in anderen cineastischen Werken eingesetzt.

John Carpenter war seiner Zeit mal wieder voraus: Schon 1983 nutzte der Kultregisseur („Die Klapperschlange“) als erster Hollywood-Regisseur einen ABBA-Track („The Name Of The Game“). Der gediegene Popsong konterkariert im Thriller „Christine“ die Amokfahrt eines 1958er Plymouth Fury, der alle, die ihm Böses wollen (und sei es nur Zigarrenasche auf dem Sitzleder!) platt macht – im Wortsinn.

Auch Spike Lee bürstet mit seiner Verwendung von ABBA-Songs gegen den Strich: Im Thriller „Summer Of Sam“ (1999) über den Serienkiller David Berkovitz meuchelt dieser zu den schluchzenden Klängen von „Fernando“. Später zofft sich ein Pärchen, während im Autoradio „Dancing Queen“ läuft.

1994 bat der australische Regisseur Paul John Hogan, für seinen Film „Muriel’s Wedding“ fünf ABBA-Lieder nutzen zu dürfen. Benny und Björn lehnten ab, denn sie waren gebrannte Kinder. Hogan berichtete: „Sie hatten für einen skandinavischen Film ihr Okay für ‚Dancing Queen‘ gegeben – unter der Prämisse, dass man ihr Lied mit Respekt behandelte.“ Aber als sie das Ergebnis „Sista dansen“ (1993) sahen, waren sie geschockt: Zum Klang ihres Riesenhits tanzte eine Prostituierte, während ein alter Mann im Rollstuhl dazu masturbierte. Schweden reichte den Film (erfolglos) für die Sparte „Bester ausländischer Film“ für die 67. Oscar-Verleihung ein – aber die Pop-Kings waren not amused.

Hogan aber blieb hartnäckig: Er drohte den Schweden, von Australien einzufliegen und so lange vor ihrem Büro zu zelten, bis sie ihn erhörten. Da knickten Björn und Benny ein. Es war höchste Zeit, nämlich zwei Wochen vor Drehbeginn. Es gab sogar schon einen Plan B: Wären Benny und Björn uneinsichtig geblieben, hätte Titelheldin Muriel statt ABBA die Village People als Lieblingsband „verschrieben“ bekommen ...

Aber es wurde alles gut – überragend sogar. Die tragikomische Geschichte um Außenseiterin Muriel wurde für drei Millionen Dollar gedreht und spielte ein Vielfaches ein. Der Film wurde Kult und feuerte das zaghaft glimmende ABBA-Revival zum Flächenbrand an. Er berührte auch Cher. Die Glamour-Diva gestand, dass ihr eigenes ABBA-Fieber durch „Muriel's Wedding" entfacht wurde.

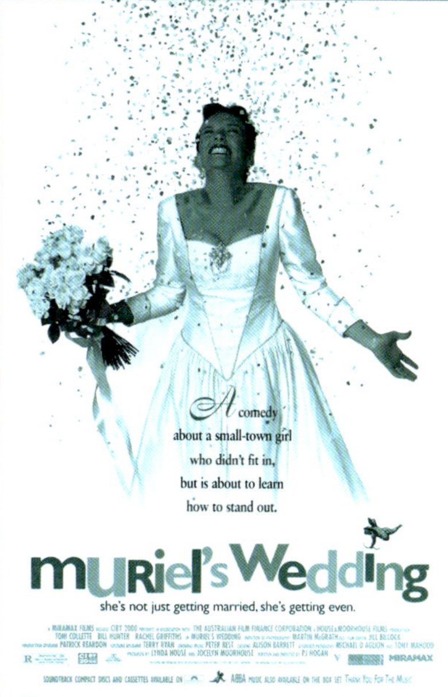

Plakatmotiv von „Muriel's Wedding"

Toni Collette (Muriel) und Rachel Griffith (als ihre beste Freundin Rhonda) legten zudem einen „Waterloo"-Auftritt hin, der seinesgleichen sucht. Joe Reid vom Entertainment-Portal Decider meinte gar, die perfekt und augenzwinkernd choreografierte Sequenz sei besser als „jeder Moment in ‚Mamma Mia!'" und „vielleicht sogar besser als ABBAs Originalauftritt beim ESC".

So cineastisch nachhaltig war die deutsche TV-Komödie „Schaumküsse" (2009) nicht, dafür lieferte sie einen Rekord. Christine Neubauer bewältigt darin als Lilly eine Lebenskrise, indem sie sich mit den titelgebenden Süßspeisen und vielen ABBA-Songs tröstet. 14 an der Zahl (ABBA-Songs, nicht Schaumküsse!). Kein Film (außer „Mamma Mia!" und „Mamma Mia! Here We Go Again") hat jemals mehr ABBA-Songs präsentiert.

Nur einen enthält „Nord bei Nordwest: Dinge des Lebens" (2020), aber der hat es in sich. In dem TV-Krimi holt ein von der Reinigungskraft im Hospital gesummtes „Dancing Queen" Kommissarin Lona Vogt (Henny Reents) aus dem Koma.

ABBA. Eine Zeitreise
Teil 2: Der Weg zur Legende

Von „Waterloo“ auf den Pop-Thron der Welt. Später, trotz 39-jähriger „Inaktivität“, zur lebenden Legende. Das schafften nur ABBA.

18. November 1974	Erster Live-Auftritt auf deutschem Boden (Hannover) im Rahmen der ersten ABBA-Europa-Tour
20. März 1976	Die TV-Sendung „The Best of ABBA“ erreicht in Australien eine höhere Einschaltquote als die Live-Übertragung der Mondlandung 1969.
18. Juni 1976	ABBA spielen „Dancing Queen“ am Vorabend der Hochzeit von König Carl Gustaf und Silvia Sommerlath in der Königlichen Schwedischen Oper.
9. September 1977	Anni-Frid steht erstmals ihrem leiblichen, totgeglaubten Vater Alfred Haase gegenüber.
4. Dezember 1977	Agnetha bringt ihren und Björns Sohn Peter Christian zur Welt.
15. Dezember 1977	„ABBA – The Movie“ feiert Kino-Weltpremiere in Australien.
6. Oktober 1978	Anni-Frid und Benny heiraten in aller Stille.
25. Dezember 1978	Agnetha verlässt Björn und zieht mit den Kindern aus.
13. September 1979	Auftakt zur Welttournee in Edmonton (Kanada).
27. März 1980	ABBA geben das letzte von sechs Konzerten im Nippon Budokan in Tokio – ihr letztes Konzert überhaupt!

Sieben Tage, nachdem seine Scheidung von Anni-Frid rechtskräftig wurde, heiratet Benny Mona Nörklit.	3. Dezember 1981
Agnetha singt im Studio die letzten Takes für „The Day Before You Came“ an – der letzte ABBA-Song für über drei Jahrzehnte	Ende August 1982
Letzter Live-Auftritt von ABBA im Fernsehen, in der deutschen Sendung „Show-Express“	11. November 1982
ABBA verklagen Stig Anderson auf Zahlung ausstehender Tantiemen.	5. Juni 1990
Veröffentlichung von „ABBA Gold – Greatest Hits“	21. September 1992
Das Musical „Mamma Mia!“ feiert Weltpremiere in London – auf den Tag 25 Jahre nach ESC-Sieg mit „Waterloo“.	6. April 1999
„Waterloo“ wird zum „Besten Lied in der Geschichte des ESC“ gekürt.	22. Oktober 2005
Kino-Weltpremiere der Musical-Verfilmung „Mamma Mia“	30. Juni 2008
ABBA werden in die Rock And Roll Hall Of Fame aufgenommen.	15. März 2010
In Stockholm wird „ABBA – The Museum“ eröffnet.	7. Mai 2013
Kinostart von „Mamma Mia! Here We Go Again“	20. Juli 2018
„ABBA Gold“ ist seit 1000 Wochen ununterbrochen in den britischen Album-Charts vertreten.	26. Juni 2021
ABBA geben im Rahmen einer weltweit gestreamten Live-Show ihr Comeback bekannt.	2. September 2021
„Voyage“, das neunte Studioalbum, steigt auf Nummer eins in die deutschen Album-Charts ein.	12. November 2021

„Bringt mir den ABBA-Groove!“

Die musikalische Idee, die Benny und Björn einst hatten, funktioniert bis heute. Verwalter ihres Erbes sind vor allem andere Schweden …

Nicht alle waren so konsequent wie Katy Perry. Der US-Star („I Kissed A Girl“) hatte, als er sich 2009 an die Arbeit für sein zweites Album „Teenage Love“ machte, nur eine Vorgabe an ihre Produzenten: „Bringt mir den ABBA-Groove!“

Das klappte gut, weil sie Max Martin engagierte. Der ist Schwede und Jahrgang 1971, er wuchs also mit ABBA-Musik auf – ob er wollte oder nicht. Er begann zwar als Funk-Metal-Sänger, entwickelte sich dann aber zu einem der erfolgreichsten Produzenten der Neuzeit und schuf reinste Teen-Pop-Perlen für die Backstreet Boys und Britney Spears oder angerockte Welthits wie „It's My Life“ für Bon Jovi. Feiner ABBA-Bezug: 2016 wurde Martin mit dem einst von Stig Anderson gestifteten Polar Music Prize ausgezeichnet.

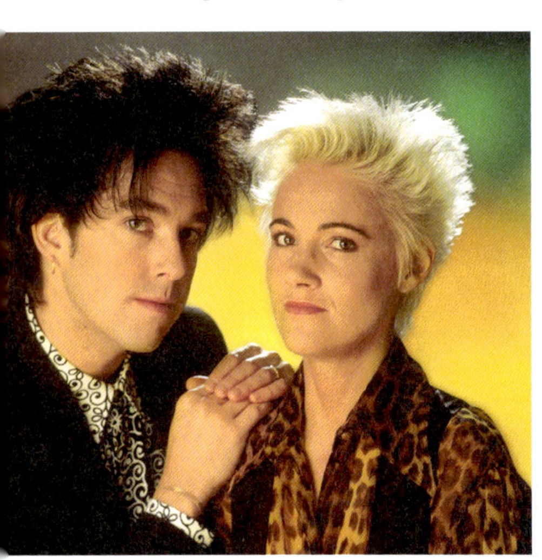

Die legitimen Erben ABBAs? Roxette (Peer Gessle, Marie Fredriksson) 1989, im Jahr ihres Durchbruchs

Die größte schwedische Band nach ABBA wurde Roxette. Björn bezeichnete das Duo Per Gessle und Marie Fredriksson, das über 80 Millionen Tonträger verkaufte (und damit rund ein Fünftel dessen, was ABBA – bisher – absetzte), einmal als „legitime Erben ABBAs“. Das hat was, denn Per Gessle (Jahrgang 1959) war in seiner Kindheit großer Fan von Bennys Band: „‚Hep Stars

On Stage' war eine meiner Lieblingsplatten!"

Roxette und ABBA haben viel gemeinsam, edelste Pophits, die sie jahrelang am Fließband schufen. In einer Kategorie haben Roxette ABBA sogar überflügelt: Sie hoben mit Singles (vier Mal Nummer eins) und Alben auch den US-Markt aus den Angeln, was ABBA zu „aktiven Zeiten" nie gelang.

Es gibt nicht nur klare ABBA-Einflüsse, sondern auch viele persönliche Berührungspunkte, vor allem zu Anni-Frid. Für deren Soloalbum „Something's Going On" steuerte Gessle 1982, sieben Jahre vor dem Roxette-Durchbruch, einen Song bei. 1992 lieferte Anni-Frid mit Marie Fredriksson und dem gemeinsamen Duett „What A Wonderful World" den Höhepunkt des von Anni-Frid mitinitiierten Wohltätigkeitskonzertes „Artister för miljö" („Künstler für die Umwelt"). Vier Jahre später nahm Fredriksson mit Anni-Frid für deren Album das Duett „Alla mina bästa år" auf. Beide waren gute Freundinnen. Als Marie Fredriksson 2019 starb, war Anni-Frid tief erschüttert.

Björn wiederum bezeichnet Gessle als „guten Kumpel". Beide sind, als Inhaber der schwedischen Firma NoteHeads, auch geschäftlich verbandelt.

Ist Lady Gaga ein ABBA-Fan? Auf jeden Fall klingt sie bei etlichen Songs wie einer. „Alejandro" (in dem sie sogar von einem „Fernando" singt) und „Bad Romance" wirken wie ABBA 2.0. Aus gutem Grund: Hinter beiden Hits steckt Nadir Khayat, besser bekannt als RedOne. Der Marokkaner (Jahrgang 1972) ist ABBA-Fan hoch zehn! Er siedelte sogar einst nach Schweden über, „weil dort so tolle Musik herkommt" – womit er ABBA, Roxette und Europe („The Final Countdown") meinte. Nadirs „ABBAffinität" bescherte ihm drei Grammys.

RedOne, Max Martin und auch dessen „Ziehvater" Denniz PoP (der Ace of Base entdeckte und seine Cheiron Studios in Stockholm nach dem Vorbild des ABBA-Tonstudios Polar gestalten ließ) – alles Produzenten aus Schweden, die oft Sängerinnen fanden, die ihre Musik zu Hits machten.

Schöne Grüße von Benny und Björn ...

Lebenszeichen von Miss Piggy

Nie standen die Wetten für ein ABBA-Comeback besser als 2004. 30 Jahre nach ihrem Triumph in Brighton machte der ESC-Zirkus Halt in der Türkei. Und tatsächlich, ABBA waren zu sehen! Aber ganz anders, als jeder dachte.

Erstmals in der Geschichte des ESC fand ein Halbfinale statt. Drei Tage vor dem Main Event bewarben sich am 12. Mai 22 Länder um den Finaleinzug. Als „Zwischenspiel" wurde ein neues, knapp sechsminütiges ABBA-Video gezeigt. „Our Last Video Ever", inszeniert von Regisseur Calle Åstrand, spielte mit dem drängenden Wunsch der Fans nach einem Comeback der Band – und deren Weigerung dazu.

Wie ABBA zeigen, ohne ABBA zu zeigen? Bei einem Schaufensterbummel in Prag hatte Åstrand die Idee: Nicht ABBA, sondern deren Miniaturausgaben würden auftreten. 60 Zentimeter große Puppen! Diese wurden von der Firma von Jim Henson, dem Erfinder der Muppets, gefertigt.

Obwohl Henson zu diesem Zeitpunkt schon 14 Jahre tot war, war es doch wie ein spätes Happy End: Er versuchte ABBA damals für die „Muppet Show" zu gewinnen, was an Terminproblemen scheiterte. Immerhin wurde der ABBA-Hit „Take A Chance On Me" in der „Muppet Show" (Ausgabe 403) als Eröffnungsnummer gesungen – von einer Schar Vögeln auf Hochspannungskabeln.

Die Handlung des ESC-Videos: Die vier Miniaturausgaben von ABBA stellen sich mit ihrem Manager (gespielt von Carl „Loa" Falkman) bei einem Plattenboss vor. Sie spielen und singen, aber der arrogante Labelboss (gespielt vom englischen Komiker Rik Mayall) lehnt sie ab: „Sie werden nie groß genug sein."

Das Video ist eine Ansammlung von Verbeugungen vor ABBA. Neben den Songs „Take A Chance On Me", „Waterloo", „Dancing Queen" und „The Winner Takes It All" kommen viele weitere ansatzweise vor – denn sämtliche Dialoge sind Zitate aus ABBA-Texten.

In einer Szene treffen die Mini-ABBAs auf die Original-ABBAs von 1976. Dafür wurde die Szene aus „ABBA – The Movie“ nachgedreht, in der der rasende Reporter plötzlich und unerwartet das Objekt seiner Begierde – ABBA – im Hotellift trifft. Die kleinen ABBAs wünschen den großen Glück für ihr Casting beim Plattenboss, aber Klein-Benny meint: „Die haben keine Chance.“

Neben Cher (leibhaftig) und Iron-Maiden-Monstermaskottchen Eddie tritt die damalige Crème de la Crème der schwedischen Schauspielerriege auf – und natürlich, in ganz kurzen Sequenzen, auch Agnetha, Anni-Frid, Benny und Björn.

50 Mitarbeiter waren im März 2004 vier Tage lang an den streng geheimen Dreharbeiten in den Independent Studios vor den Toren Stockholms beteiligt.

Das Resultat ist ein faszinierender, riesiger Spaß. Jeder, der nach Genuss der sechs Minuten nicht ein ebenso breites Grinsen trägt wie die Puppen im Video, ist kein Musikliebhaber, ist kein ABBA-Fan! Die Premiere beim ESC-Halbfinale sahen 100 Millionen Menschen europaweit. Das YouTube-Video hat im November 2020 die 17-Millionen-Click-Zahl durchbrochen.

Als Agnetha ihre „Doppelgängerin“ erstmals sah, meinte sie „Ich sehe aus wie Miss Piggy!“ – und sie liebte es! ABBA waren richtig begeistert. In der ursprünglichen DVD zum ESC 2004 war der Puppen-Clip nicht enthalten. Auf Wunsch von ABBA wurde das nachgeholt, das Video als „The Last Video“ doch noch veröffentlicht.

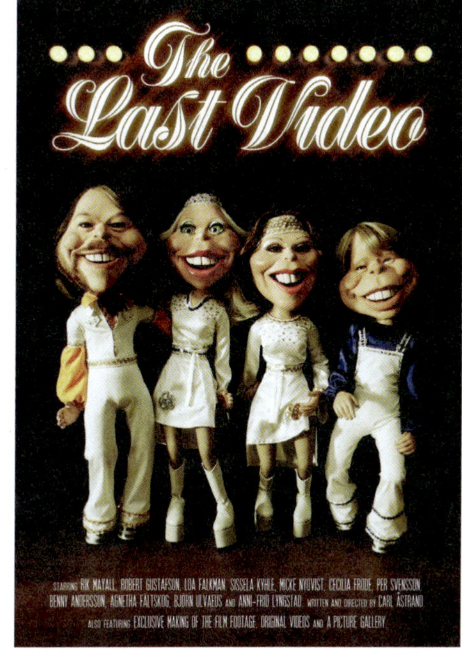

Kleine Helden ganz groß: die ABBA-Puppen aus „The Last Video“

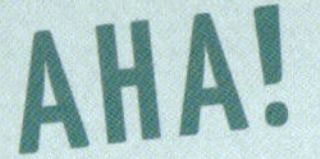

Wenn's beim Besucher klingelt

Ja, gut, die Beatles. Haben mehr Platten verkauft als ABBA. Hatten auch früher ein eigenes Museum. Aber diesen „Kampf" verloren die britischen gegen die schwedischen Fab Four: Das ABBA-Museum zieht viel mehr Besucher!

Über vier Millionen Beatles-Fans besuchten „The Beatles Story" in Liverpool in den ersten 25 Jahren seines Bestehens. Wow. Aber nix gegen das ABBA-Museum. Das besuchen pro Jahr eine Million Fans. Das wären – bis heute – rund neun Millionen.

Am 7. Mai 2013 (23 Jahre nach Eröffnung des Beatles-Museums) öffnete „ABBA – The Museum" seine Pforten. Es ist im Untergeschoss des Pop House auf der Stockholmer Insel Djurgarden untergebracht und entwickelte sich zu einem Mekka für Fans aus aller Welt, die zwischen Originalkostümen und Merchandise-Artikeln auf Zeitreise gehen können. Oder an Bord eines Helikopters auf einen virtuellen Flug zur „Musik-Insel" Viggsö.

Man kann ABBA-Musik hören, dazu singen und sogar zum fünften ABBA werden, wenn man mit den „ABBAtaren", den digitalen Hologrammen der Vier, gemeinsam auf der Bühne tanzt.

Und wer richtig Glück hat, bei dem klingelt's. In unregelmäßigen Abständen nämlich rufen die ABBA-Mitglieder am „Ring, Ring"-Telefon an – nur Agnetha, Anni-Frid, Benny und Björn kennen die Nummer. Wer in diesem Moment abhebt, kann mit den ABBA-Mitgliedern reden – wenn er nicht sprachlos vor Glück ist. Wer danach ein wenig abgespannt ist, kann gleich im angrenzenden Pop House Hotel entspannen. Und bleibt auch hier ein Teil von ABBA: Björn ist Mitbesitzer des Gebäudes ...

Die interaktive Ausstellung über ABBA ist ein Segen für die Fans. Aber ein Museum ist es nach klassischer Definition nicht. Weil es keine Forschungen durchführt und keine Non-Profit-Einrichtung ist. Im Gegenteil: Wenn man die aktuellen Eintrittspreise (rund 25 Euro pro Erwachsener) hochrechnet, dann flossen seit 2013 rund 225 Millionen Euro in die Museumskasse ...

Thank You For The Love

Höchstwahrscheinlich waren/sind ABBA Genies. Aber nicht Agnetha, Benny, Björn und Anni-Frid machten ihre Lieder zeitlos. Sondern die Fans, die sie seit fünf Jahrzehnten singen, summen, die dazu weinen und lachen.

Die größten und beständigsten ABBA-Fanclubs wurden *nach* der Trennung der Band gegründet. Regina Grafunder, glühender Fan seit 1976, hob 1990 „ABBA-Intermezzo" (www.abba-intermezzo.de) aus der Taufe. Sie wandelte ihren privaten Austausch mit über 100 Brieffreunden in einen Fanclub, der derzeit über 2000 Mitglieder in aller Welt hat. Zum 30. Geburtstag schickten alle ABBA-Mitglieder Grußnoten. Noch auf fünf Jahre mehr bringt es der „Official International ABBA Fan Club" aus Holland.

„ABBA Omnibus", 2010 gegründet vom australischen „Super-Fan" Ian Cole, führt 1668 Links zu ABBA-Fanseiten in 27 Sprachen und fast 50 Ländern auf. Rund 220 ABBA-Bücher (darunter auch Romane, die von ABBA handeln) aus aller Welt sind gelistet.

„Die Kritiker mochten uns nie, vor allem nicht in Schweden", sagte Björn einmal. Aber die Liebe der Fans war – und ist – grenzenlos. Der große Unterschied zwischen Musikliebhaber und Musikkritiker: Erstere hören mit dem Herzen. Deshalb waren sie in der Lage, in dem, was distanzierte „Fachleute" jahrelang als „kalkulierten Fließband-Pop" oder „kommerziellen Müll" beleidigten, die Magie zu erkennen. Die deutsche Fanclubgründerin Regina Grafunder erklärt diesen Zauber so: „Du hörst ABBA und beginnst zu lächeln. Und dieses Lächeln kriegst du nicht mehr los."

Die Liebe ist gegenseitig. Björn: „Ohne unsere Fans wären wir nichts."

Fans: „Thank you for the Music!"

ABBA: „Thank you for the Love!"

Neue Hoffnung

Jubel im Lager der ABBAManiacs: Agnetha, Björn, Benny und Anni-Frid sind wieder da! Und trotzdem müssen ABBA-Fans stark sein.

ABBA waren nie ganz weg. Auch wenn es Björn („Ich dachte, wir und unsere Lieder würden in der Versenkung verschwinden.") nicht fassen konnte. Dabei war es vor allem er selbst, der mit gutem Gespür für neue Ideen (Musical, Filme, Museum, Party) dafür sorgte, dass sich ABBA in der „Pause" mehrfach neu erfinden konnten. Benny, der sich viel lieber in seine Soloaktivitäten als Bewahrer schwedischen Liedgutes zurückzog, sagte einmal: „Wir sollten Björn ein Denkmal dafür bauen."

Im Mai 2022 (passend zum 50. Band-Geburtstag aufgrund der Aufnahmen zum ersten gemeinsamen Song „People Need Love" 1972) zünden ABBA die nächste Raketenstufe Richtung Unendlichkeit: In London feiert „ABBA Voyage" Premiere, das Konzert-Event in der eigens errichteten „ABBArena" im Queen Elizabeth Olympic Park. Nie zuvor wurde extra für eine Band eine 3000-Mann-Konzertarena gebaut und nie zuvor war die zerlegbar.

An dem Live-Erlebnis bastelten die Producer, Bennys Sohn Ludvig und Svana Gisla, und ein Team von 1500 Menschen über vier Jahre. Mit 160 Kameras wurden die ABBA-Mitglieder gefilmt, damit die im Motion-Capture-Verfahren gefertigten „ABBAtare", ihre künstlichen Live-Doppelgänger, täuschend echt wirken.

Aber: So wenig wie ABBA jemals komplett verschwunden waren, so wenig ist das Comeback allumfassend. ABBA werden nie mehr in persona live ein Konzert geben! Björn eindeutig: „Das wäre ein Affentheater, das will niemand."

Ist also die Rückkehr gleichzeitig der Beginn des endgültigen Abschieds? Die englische Wikipedia-Seite hat beim Eintrag zum Album „Voyage" den ursprünglichen Zusatz „neuntes und letztes Album" wieder geändert. Weil Anni-Frid im Interview sagte: „Seid nicht zu sicher, dass ‚Voyage' das letzte sein wird."

Schön – das Hoffen geht wieder los! Hoffnung schürt Unendlichkeit!

ABBA Forever!

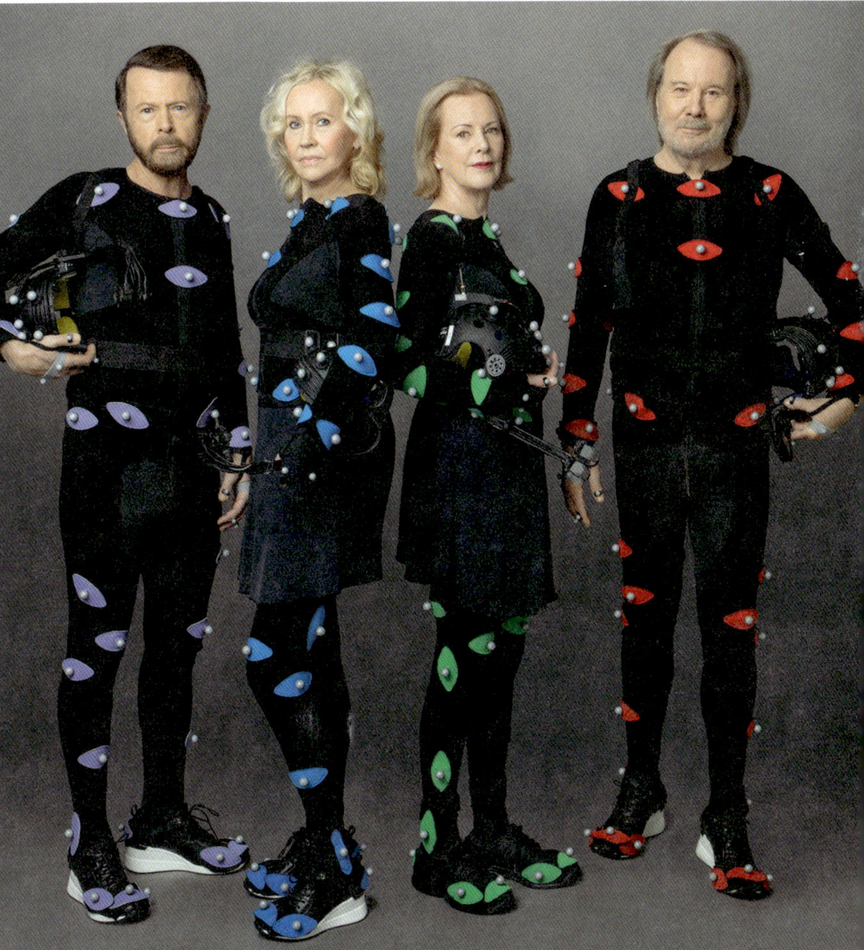

ABBA in ihren Motion-Capture-Anzügen, in denen sie für „ABBA Voyage" gefilmt wurden.

Das Quiz für ABBAnhänger

1. Wofür steht ABBA nach offiziellen Angaben?

a) Agnetha, Björn, Benny, Anna
b) Agnetha, Björn, Benny, Anni-Frid
c) Anna, Björn, Benny, Anni

2. Wie viel Geld wettete ABBA-Manager Stig Anderson auf den Sieg seiner Band beim ESC in Brighton?

a) 1 Pfund
b) 120 Pfund
c) 1000 Pfund

3. Wer wurde innerhalb der Crew „Rod Stewart von ABBA" genannt?

a) Anni-Frid
b) Benny
c) Björn

4. Von wem stammt die (im Januar 1975 geäußerte) Formulierung, Agnetha hätte den „heißesten Hintern der Popmusik"?

a) Björn Ulvaeus
b) Led-Zeppelin-Sänger Robert Plant
c) „Expressen"-Reporter Mats Olsson

5. Mit wem wurde Björn eine Affäre angedichtet?

a) Anni-Frid
b) Silvia Sommerlath, der damaligen Freundin von König Carl Gustav
c) Boney M.-Sängerin Liz Mitchell

6. Wie hieß die Band, in der Anni-Frids Sohn Hans und Bennys Sohn Peter Anfang der 1980er Jahre spielten?

a) Rendez-Vous
b) Voulez-Vous
c) Suzie Q.

7. Mit wem sang Anni-Frid auf ihrem letzten Soloalbum (1996) ein Duett?

a) Agnetha
b) Marie Fredriksson (Roxette)
c) Jenny Berggren (Ace of Base)

8. Für die Verfilmung der Biographie welcher schwedischen Persönlichkeit schrieb Benny die Filmmusik?

a) Ministerpräsident Olof Palme
b) König Carl XVI. Gustav
c) Tennislegende Björn Borg

9. Mit welchem schwedischen Sportstar war Agnetha liiert?

a) Björn Borg (Tennis)
b) Ingemar Stenmark (Skifahren)
c) Lars-Eric Ericsson (Eishockey)

10. Für welchen Event komponierte Benny die Erkennungsmelodie?

a) Nobelpreis-Zeremonie 1995
b) Fußball-Europameisterschaft 1992
c) Intro für die erste Preisverleihung des Polar Music Prize

11. Welches der ABBA-Kinder spielte eine Nebenrolle im Musical „Kristina“?

a) Bennys und Monas Sohn Ludvig
b) Agnethas und Björns Tochter Linda
c) Anni-Frids Sohn Hans

12. Wie heißt der schwedische Film, in dem Anni-Frid 1979 ihr Schauspieldebüt gab?

a) Du var främling här igår
b) Omkring Tiggarn Från Luossa
c) Gå på vattnet om du kan

13. Welcher deutsche Schlagerstar coverte die ABBA-Songs „One Of Us“ und „The Winner Takes It All“?

a) Marianne Rosenberg
b) Helene Fischer
c) Lena Valaitis

14. Welchen Andersson/Ulvaeus-Song sang Ex-Box-Weltmeister Mike Tyson im Film „Hangover II“?

a) One Night In Bangkok
b) The Winner Takes It All
c) Dancing Queen

15. Wie viele offizielle Studioalben haben ABBA veröffentlicht?

a) 9
b) 8
c) 10

Quiz-Lösungen

1 b; 2 b; 3 a; 4 c; 5 c; 6 a; 7 b; 8 a; 9 c; 10 b; 11 b; 12 c; 13 a; 14 a; 15 a

Zitate

„Weißt du eigentlich, dass ‚SOS' der beste Popsong ist, der je geschrieben wurde?"

The Who-Mastermind Pete Townsend

„Ich habe damals nicht erkannt, wie schrecklich die angezogen waren. Wir sahen ja alle genauso schlimm aus. Außerdem war ich viel zu beschäftigt damit, in Anni-Frid verliebt zu sein."

Pete Waterman, Hit-Produzent

„Wären wir in Brighton Zweiter geworden, wären wir nie so groß geworden. Weißt du: The Winner takes it all …"

Björn

„Wir wollen bloß Lieder schreiben und sie aufnehmen. Wir haben keine Ambitionen, große Stars zu werden."

Benny, August 1971

„Jedes Jahrzehnt hat seinen ABBA-Moment. Das ist der Beweis, dass ihr Pop immer da sein wird."

Gerry Beckley, Sänger der US-Band America („Sister Golden Hair")

„Als ich den neuen Song gehört habe, habe ich geweint wie ein Baby. ABBA machen einfach nichts falsch."

Dave Grohl, Foo Fighters

„Nur wenige haben die Gabe, Menschen glücklich zu machen. ABBA hatten sie. Und sie nutzten sie."

Paul Gambaccini, BBC-Radiomoderator

„ABBA sind ein Jahrhundert-Phänomen!"

Jürgen Drews